Stefan Reichelt

Kindertherapie nach sexueller Mißhandlung

W0086341

*Für Florian, Christian
und Martina*

Stefan Reichelt

Kindertherapie nach sexueller Mißhandlung

Malen als Heilmethode

Kreuz

Alle in diesem Buch enthaltenen Angaben, Daten, Ergebnisse etc. wurden vom Autor nach bestem Wissen erstellt und von ihm mit größtmöglicher Sorgfalt überprüft. Gleichwohl sind inhaltliche Fehler nicht vollständig auszuschließen. Daher erfolgen die Angaben etc. ohne jegliche Verpflichtung oder Garantie des Verlags oder des Autors. Beide schließen deshalb jegliche Verantwortung und Haftung für etwaige inhaltliche Unrichtigkeiten aus, es sei denn im Falle grober Fahrlässigkeit.

Die Rechte der Abbildungen liegen beim Rheinischen Kinderneurologischen Zentrum, Bonn.

Die Deutsche Bibliothek – CIP-Einheitsaufnahme

Reichelt, Stefan:
Kindertherapie nach sexueller Mißhandlung : Malen als
Heilmethode ; Grundlagen – Methoden – Verlaufprozesse /
Stefan Reichelt. – Zürich : Kreuz-Verl., 1994
    ISBN 3-268-00164-5

1   2   3   4   5   98   97   96   95   94

© Kreuz Verlag AG Zürich 1994
P.O.B. 245 CH 8034 Zürich
Umschlaggestaltung: Jürgen Reichert, Stuttgart
Umschlagfoto: Stefan Reichelt
Gesamtherstellung: Präzis-Druck, Karlsruhe
ISBN 3 268 00164 5

Inhalt

Geleitwort

Sexueller Mißbrauch bedeutet für ein Kind die Erfahrung von Ohnmacht und Demütigung, von Desorientierung und Verunsicherung sozialer Bindungen. Hinzu kommen in der Regel ein mit Drohungen verbundenes Geheimhaltungsgebot und Loyalitätskonflikte, die dem spontanen Wunsch des Kindes nach Offenbarung und Hilfe entgegenstehen. Die daraus hervorgehende Konfliktspannung ist nicht selten eine wesentliche Ursache der verheerenden seelischen Folgeschäden.

Diese Konfliktspannung macht es Kindern vor allem am Beginn der Auseinandersetzung mit einem Mißbrauchserlebnis schwer, die Wort-Sprache als Weg der Offenbarung zu benutzen; die Angst vor dem klaren, unzweideutigen Benennen wirkt blockierend. Demgegenüber geben nichtsprachliche Medien – darunter vor allem das Malen – dem Kind die Möglichkeit, sich behutsam und erforderlichenfalls in symbolischer Verschlüsselung mit den traumatischen Erfahrungen auseinanderzusetzen, das zunächst Unsagbare auszudrücken. Mit Hilfe des Malens können sexuell mißbrauchte Kinder nicht nur auf ihre Not aufmerksam machen, sondern auch im therapeutischen Prozeß einen Weg zur Bewältigung finden.

Stefan Reichelt, Diplom-Sozialpädagoge und langjähriger Mitarbeiter des Rheinischen Kinderneurologischen Zentrums in Bonn, hat in diesem Buch seine große Erfahrung in der heilpädagogischen Therapie sexuell mißbrauchter Kinder niedergelegt. Besonders hervorzuheben ist seine einfühlsame, zurückhaltende, jede vorschnelle und dogmatische Festlegung vermeidende Interpretation der Kinderzeichnungen; erst im Kontext mit dem Therapieverlauf und den sprachlichen Kommentaren der Kinder gewinnt die Deutung des Gemalten die notwendige Plausibilität. Wie die therapeutische Beziehung, das therapeutische Vorgehen und das therapeutische Medium sich zu einem Ganzen verbinden müssen, wird in diesem Buch eindrucksvoll dargestellt.

Mehr als Statistiken über die Häufigkeit sexuellen Mißbrauchs, die schon schrecklich genug sind, eröffnen die Fallbeispiele einen Einblick in die Dramatik des psychischen Geschehens, in die katastrophalen Auswirkungen auf die kindliche Psyche. Der Leser wird aber auch berührt und beeindruckt von der erstaunlichen Fähigkeit junger Kinder, sich über das Medium des Malens auszudrücken.

Von großer fachlicher Kompetenz und zugleich von mitfühlender Anteilnahme getragen, stellt das Buch einen wertvollen Beitrag zur Therapie sexuell mißbrauchter Kinder dar.

Prof. Dr. Hans G. Schlack
Rheinisches Kinderneurologisches Zentrum Bonn

Einführung

Wie stark sexuell mißhandelte Kinder in ihrer personalen Existenz und Entwicklung bedroht sind, lassen sie die Erwachsenen ihrer Umgebung auf vielfältige Weise spüren. Körpersprache und Mimik signalisieren neben entsprechenden Spiel- und Verhaltensmustern die zerstörerischen und demütigenden Erlebnisse sowie die daraus resultierende Not und Desorientierung. Obwohl die mit derartigen Erfahrungen konfrontierten Therapeuten nur einen Bruchteil dessen wahrnehmen, was betroffene Kinder an bedrängenden Erfahrungen aushalten müssen, produziert bereits die Ahnung der Wirklichkeit immer wieder abwehrende Gefühle und Verhaltensweisen. Erschrecken, Ratlosigkeit, Ohnmacht und Zorn verdichten sich somit unter Umständen zu einer psychischen Barriere, die helfendes Handeln unmöglich macht oder zumindest erheblich erschwert. Sich dennoch der Problematik zu stellen und als Vertrauensperson des Kindes zur Verfügung zu stehen, erfordert Mut und ein Orientierung vermittelndes Wissen. Dieses verknüpft notwendig die Kenntnis charakteristischer Konfliktpunkte mit den Möglichkeiten methodischer Lösungsansätze. Das vorliegende Buch erschöpft sich deshalb nicht im Benennen des Problemkreises, seiner Wirkfaktoren und symptomatischen Reaktionen, sondern zeigt darüberhinaus – als wichtigstes Anliegen – Wege der Verarbeitung, Bewältigung und Heilung auf. Eine Vielzahl praktischer Beispiele zum zielgerichteten Vorgehen soll zur therapeutischen Arbeit mit sexuell mißhandelten Kindern ermutigen.

Hierzu vermittelt Teil 1 grundsätzliche Aspekte zur Kindertherapie nach sexuellen Übergriffen. Teil 2 verdeutlicht im Anschluß daran die Wirkungsweise des therapeutischen Malens. In Teil 3 werden maltherapeutische Methoden anwendungsbezogen auf die Erfordernisse von Mißhandlungstherapie abgestimmt. Schließlich erläutert Teil 4 an Hand konkreter Verlaufsprozesse den zuvor dargestellten Theorieansatz.

In Hinblick auf Art und Umstände der Intervention sind zwei grundlegend verschiedenartige Ausgangssituationen zu unterscheiden: Ein Teil der Kinder, deren Entwicklungsverläufe nachgezeichnet werden, ist mit unspezifischen Symptomen und verdeckter Leidensthematik im sozialpädiatrischen Zentrum zur diagnostischen Abklärung vorgestellt worden. Ihre Mißhandlungserfahrungen gaben diejenigen Mädchen und Jungen durchweg erst im Laufe des begonnenen therapeutischen Prozesses zu erkennen. Gemeinsam ist diesen Therapieverläufen, daß sie erst auf dem Hintergrund eines bestätigten Vertrauensverhältnisses zwischen dem jeweiligen Kind und seinem Therapeuten möglich wurden. Von Beginn an orientierte sich demgegenüber in anderen Fällen das therapeutische Handeln an dem offen artikulierten Befund der sexuellen Übergriffe, nachdem diese bereits im sozialen Umfeld des Kindes aufgedeckt worden waren.

Die kognitive und emotionale Auseinandersetzung mit allen Teilaspekten des Mißhandlungsgeschehens macht es notwendig, die seelischen Verletzungen Schritt für Schritt noch einmal sichtbar werden zu lassen, ihrer gewahr zu werden. In Anbetracht dieser Notwendigkeit hat sich das Malen als zentrales therapeutisches Medium bewährt. Maltherapeutische Methoden stellen ein ideales Projektionsfeld zur Verfügung, um den verlorenen Empfindungen behutsam nachzuspüren. Als gut zu kontrollierende Ausdrucksebene erleichtert die Bildsprache eine vorsichtige Annäherung an die häufig zunächst unzugänglichen Erfahrungsabschnitte. Damit ändert sich die Richtung des kindlichen Problemlösungsverhaltens in grundlegender Weise: An die Stelle der Flucht vor bedrohlicher Realität und Erinnerung tritt eine zunehmend augenfällig werdende Hinwendung zu den angstauslösenden Mißhandlungsepisoden. Dabei bestimmt das malende Kind selbst, inwieweit es bereits seine Furcht überwinden und einen klaren Blick auf die Realität der sexuellen Übergriffe aushalten kann. Stellt die damit verbundene Konfrontation anfänglich noch eine zu große Belastung dar, so bieten mehrdeutige oder symbolisch-verschlüsselte Bildaussagen Schutz vor überfordernder Deutlichkeit. Die im klinischen Kontext entstandenen Verlaufsprozesse zeugen übereinstimmend von der Fähigkeit der Kinder, über Bildsequenzen hinweg ihre abgespaltenen Erfahrungen zeitlich dosierend zu bewältigen. An Hand der gemalten Szenen wird ein Entzerren, Gliedern und Wiederzusammenfügen der zum unbewältigten Trauma zusammengeballten Mißhandlungsinhalte möglich.

Der maltherapeutische Prozeß bringt so die Orientierung und Selbstvergewisserung des sexuell mißhandelten Kindes hervor. Gelingt es ihm, die strangulierende Problematik schrittweise zu überwinden, so spiegeln sich hinzugewonnene Stärke und Lebenskraft im vielfältigen Veränderungsgeschehen der entstehenden Bilder. Während aus anfänglicher Desorientierung und Angst eine zumeist unscharfe, verschleiernde Bildsprache resultiert, wandelt sich deren Charakter mit dem Fortgang der Therapie. Substanzreiche Aussagen zur erinnerten Wirklichkeit lösen die von Verwirrung bestimmten Ausdrucksversuche zögerlicher Annäherung ab. An die Stelle der düsteren und bedeutungsschweren Inhalte treten schließlich Aspekte neu gewonnener Zuversicht und Perspektive. Helle Farben und fließendes Licht ersetzen innerhalb der späteren Konfigurationen das lastende Dunkel früherer Darstellungspassagen. Jeder nachfolgend dokumentierte Bildzyklus führt dem Betrachter so einerseits die bedrängende Auseinandersetzung mit leidvollen Erfahrungsabschnitten vor Augen. Andererseits vermitteln die festgehaltenen Szenen aber auch Einblick in prägnante Entwicklungsprozesse und gelungenes Integrationsgeschehen.

Malen als stimmiges kindliches Ausdrucksmittel eröffnet vielen Mädchen und Jungen einen Ausweg aus dem Dilemma, sich dringend mitteilen und anvertrauen zu wollen, gleichzeitig aber aus vielerlei Gründen zum Schweigen verdammt zu sein. Die durch das Malen freigesetzte Erfahrung, nicht sprechen zu müssen und dennoch auf Grund der ins Bild gesetzten Inhalte verstanden zu werden, reduziert die Angst vor den Folgen des Sprechens. Auf diese Weise schafft ein anfänglich auf bildhafte Kommunikation gründender Dialog die Voraussetzungen dafür, sich im späteren Verlauf der Therapie zunehmend auch sprachlich mit dem Erlebten auseinandersetzen zu können.

TEIL 1:

Grundsätzliche Aspekte der therapeutischen Arbeit mit sexuell mißhandelten Kindern

Die psychische Konfliktsituation sexuell mißhandelter Kinder

Für Therapeuten, die mit sexuell mißhandelten Kindern arbeiten oder wegen eines entsprechenden Anfangsverdachts konsultiert werden, stellt sich die Frage nach den Kriterien, die eine klare und sicher begründbare Beurteilung der zu klärenden Sachverhalte erlauben. Definitionen wie die nachfolgende charakterisieren sexuelle Kindesmißhandlung im Sinne der Normabweichung.

»Sexuelle Ausbeutung von Kindern durch Erwachsene oder ältere Jugendliche ist eine sexuelle Handlung eines Erwachsenen mit einem Kind, das auf Grund seiner emotionalen und intellektuellen Entwicklung nicht in der Lage ist, dieser sexuellen Handlung informiert und frei zuzustimmen. Dabei nützt der Erwachsene die ungleichen Machtverhältnisse zwischen Erwachsenen und Kindern aus, um das Kind zur Kooperation zu überreden und zu zwingen. Zentral ist dabei die Verpflichtung zur Geheimhaltung, die das Kind zur Sprachlosigkeit, Wehrlosigkeit und Hilflosigkeit verurteilt« (Sgroi, 1982, zit. n. Kazis, 1992, 16).

Eine derartige Beschreibung vermittelt Orientierung in Hinblick auf rechtliche, moralische und soziologische Beurteilungskriterien. Die psychologisch relevante Frage nach der Auswirkung sexueller Übergriffe auf die psychische Gesundheit der Opfer beantwortet sie hingegen nicht. Im therapeutischen Kontext gewonnene Erfahrungen zeigen, daß jedes Mißhandlungsgeschehen auf jeweils sehr individuelle Weise wertend erlebt wird. Inwieweit Nötigungserlebnisse eine als mehr oder minder drastisch einzustufende Schädigung bewirken, läßt sich deshalb nicht auf allgemeingültige Weise bestimmen. Das Ausmaß psychischer Schäden ergibt sich aus einer Reihe unterschiedlicher Faktoren (Lieske, 1981, 61). Je stärker diese Determinanten miteinander korrelieren, desto gravierender muß der Grad der persönlichen Traumatisierung eingeschätzt werden. In diesem Zusammenhang sind von Bedeutung:

- ein zunehmender Altersunterschied zwischen Opfer und Täter
- eine zunehmende Nähe des Verwandtschaftsgrades
- heterosexuelle Formen der Mißhandlung
- die Dauer der Mißhandlung
- der Grad der Gewaltandrohung oder Gewaltanwendung
- der Zwang zur Geheimhaltung
- ein geringes Alter des Kindes bei Mißhandlungsbeginn
- die Abwesenheit schützender Vertrauenspersonen

(Fürniss et al., 1986, 338).

Für Therapeuten ist demzufolge das subjektive Erleben des einzelnen Kindes sowie die daraus resultierende Ausprägung von Symptomen und reaktiven Verhaltensweisen die ausschlaggebende Hinweiskategorie zur Beurteilung der von den sexuellen Übergriffen ausgehenden Wirkung. U. Enders (1990, 39) beschreibt die spezifische Psychodynamik sexuell mißhandelter Kinder als Grundgefühl von Vertrauensverlust, Sprachlosigkeit, Schuld- und Schamgefühlen, Ohnmacht, Angst und Desorientierung. Daraus entsteht in vielen Fällen eine wachsende Abkehr von der sozialen Umwelt mit parallel verlaufenden Rückzugstendenzen gegenüber der eigenen Person oder Teilbereichen von ihr.

Die einzelnen ohnehin als belastend erlebten Gefühlskategorien erfahren eine Verschärfung ihrer schädigenden Wirkung durch den nahezu in jedem Fall vorhandenen *Zwang zur Geheimhaltung*. Der vom mißhandelnden Erwachsenen induzierte Geheimnisdruck verstellt vielen Opfern die Möglichkeit, offen und direkt um Hilfe nachfragen zu können. Stattdessen verurteilt er sie zu Schweigen und auferlegter Duldsamkeit.

T. Fürniss (1991, 22–31) sieht im Geheimnisanteil der sexuellen Kindesmißhandlung den Charakter eines Syndroms, da, als grundlegende Bedingung hierfür, immer wieder ein spezifischer Symptomkreis gefunden wurde, der sich aus einer Kombination unterschiedlicher Einzelmerkmale zusammensetzt. Äußere Faktoren, interaktionelle Aspekte sowie innerpsychische Veränderungen stellen diesem Verständnis zufolge in wechselseitiger Verstärkung und regelhafter Wiederholung die Ursache für die beobachtete Verhaltenstendenz der unbedingten Geheimhaltung dar.

Zu den *äußeren Faktoren*, die dem Verschweigen der Erlebnisse Vorschub leisten, gehört die klinische Erfahrung, daß sexuelle Mißhandlungen nur in den seltensten Fällen in Form von physischen Verletzungen diagnostiziert werden und insofern zunächst unsichtbar bleiben. Das Fehlen sichtbarer Spuren bei manipulativen und oralen Sexualpraktiken läßt betroffene Kinder schnell in Beweisnot geraten. Aus Sorge um sich selbst, die Familie oder die Mißhandlerperson leugnen zudem viele Mädchen und Jungen die Realität der Mißhandlung oder vermeiden eindeutige Beschuldigungen auf der verbalen Ebene. Gleichzeitig ist der mißhandelnde Erwachsene in der Regel ebenfalls nicht bereit, sein Tun offen einzugestehen. Hinzu kommt, daß Kindern, die dennoch den Mut aufbringen, sich einer Person innerhalb oder außerhalb der Familie anzuvertrauen, häufig nicht geglaubt wird. Stattdessen wird die Bitte um Hilfe und Unterstützung bestraft, oder entsprechende Äußerungen werden als Lüge oder Phantasie abgetan. Sprachliche Kommunikation erlischt auch deshalb, weil Kindern immer wieder das ausdrückliche Versprechen abgenommen wird, mit niemandem über das Geschehene zu reden. Die Wahrung des auferlegten Geheimnisses wird mit Gewaltanwendung, Androhung von Gewalt und massiven Strafsanktionen erzwungen. Im Einflußbereich der von außen auferlegten Druckmittel stellt die Angst vor den Konsequenzen einer Aufdeckung ein weiteres Hindernis dar. Viele mißhandelnde Erwachsene entwerfen drastische Szenarien der Ausweglosigkeit und sozialen Ächtung. Für den Fall der Offenlegung wird mit Heimeinweisung oder sogar mit dem Tod gedroht. Dem Opfer wird eingeredet, daß es für Wohlergehen und Zusammenhalt der Familie verantwortlich sei und deshalb sein Schweigen unter keinen Umständen brechen dürfe.

Die zweite Gruppe von Faktoren, die Kindern das Sprechen erschwert, resultiert aus Mechanismen, die sich aus dem *primären Prozeß der sexuellen Interaktion* als solcher ergeben. Täter suggerieren ihren Opfern noch während der sexuellen Handlungen, daß diese gar nicht wirklich stattfinden, und versuchen, das Mißhandlungsgeschehen aus dem kindlichen Wahrnehmungskontext herauszulösen. Die sexuellen Handlungen sollen auf diese Weise ungeschehen gemacht, die Erinnerung an sie, im Sinne einer primären Erfahrung, verhindert werden. Beim Kind entsteht infolgedessen ein erhebliches Maß an Verwirrung hinsichtlich der realitätsgerechten Interpretation der Geschehnisse. Während es einerseits eine heftig sexuell-emotional aufgeladene Situation erlebt, bleiben paradoxerweise andererseits Orientierung vermittelnde Wahrnehmungs- und Beziehungsaspekte auf Grund ihrer bewußten Negation durch den Erwachsenen ausgeblendet. Es entsteht eine Atmosphäre, in der sich Dunkelheit und Schweigen, fehlender Blickkontakt und Personenbezug sowie stereotype Anweisungen und ritualisierte Handlungsfolgen zu einem orientierungsfeindlichen Erleben verdichten. Tiefe Desorientierung entsteht aber auch aus der sich regelmäßig wiederholenden Verwandlung der Vaterfigur in die Person des Mißhandlers,

18

die jede Form partnerschaftlicher Kommunikation vermissen läßt. An Stelle der bekannt vertrauten Verhaltens- und Sprachmuster tritt im Rollenwechsel eine gravierende Veränderung in Sprache, Tonfall, Gestik und im Zudringlichkeitsverhalten. Schließlich werden die extrem widersprüchlichen Verhaltensänderungen von bewußt inszenierten Ausgangs- und Eingangsritualen begleitet. Stereotype Hinweise und Aufforderungen nichtsexuellen Inhalts markieren den Anfangs- und Endpunkt zwischen Normalität und Erschrecken und trennen freundliche Zuwendung von zerstörerischer Handlungsfolge. Zu der Verneinung der zwischen den ritualisierten Signalen verstrichenen Zeitspanne gehört auch, daß zu keinem späteren Zeitpunkt über die analogen Erlebnisinhalte gesprochen wird, so als seien diese niemals Bestandteil realer Erfahrung gewesen.

Auf der *innerpsychischen Ebene* entstehen als Folge der unveränderbar traumatischen Lebenssituation Resignationsgefühle. Die permanente Überforderung der seelischen Bewältigungskräfte führt zu einem sich schrittweise vollziehenden Anpassungsprozeß, der von Ohnmachtsempfinden getragen ist. Um das psychische Überleben zu sichern, wird die sexuelle Mißhandlung zur scheinbaren Normalität umgewertet. R. Summit (1983, 177ff.) charakterisiert das Anpassungsgeschehen als eine Art Zustandswechsel, innerhalb dessen sich das sexuell mißhandelte Kind aus seinem Körper setzt und in Distanz zu ihm tritt. Es sieht dann und nimmt teil, ohne zu fühlen, und unterscheidet zwischen dem Teil seiner Person, der mißhandelt wird und jenem, der nicht mißhandelt werden kann, weil er dafür scheinbar unerreichbar geworden ist. Der in Gang gekommene Spaltungsprozeß erschwert in immer stärker werdendem Maße den Zugang zu den ausgesonderten Erlebnissen. L.D. La Porta (1992) beschreibt am Beispiel eines neunjährigen Mädchens, wie sich die Tendenz der inneren Spaltung schließlich zur multiplen Persönlichkeitsstörung ausweitet. Drastische Auswirkungen auf das Identitätsbewußtsein des Opfers sind die Folge. Die Langzeitfolgen des Mißhandlungsgeschehens lassen sich, was ihre Konsequenzen für die psychische Gesundheit der Opfer betrifft, mit dem von Bastiaans (zit. n. Fürniss, 1991, 29) beschriebenen »Concentration-camp-syndrom« vergleichen. Dieses Erklärungsmodell bezieht sich auf die vielfache Beobachtung, wonach traumatische Erfahrungen während einer Internierungszeit wegen ihrer dramatischen Intensität in absoluter Weise verdrängt und ausgeblendet werden mußten. Gemeinsam ist sowohl dem internierten Menschen wie auch dem durch eine nahestehende Person mißhandelten Kind der auferlegte Zwang des andauernden Zusammenleben-Müssens von Opfer und Täter. Die psychisch extrem verwirrende Paradoxie, die sich aus der Doppeldeutigkeit der übermächtigen Mißhandlerperson ergibt, indem diese lebensbedrohend agiert und gleichzeitig Leben erhält, weil sie die für das Überleben notwendigen primären Bedürfnisse befriedigt, entzieht sich in diesem Ausmaß jeder Normalität menschlicher Erfahrung.

Für ein betroffenes Kind bleibt die Absurdität einer sexuellen Bedrohung durch eine geliebte Vertrauensperson ohne jeden akzeptablen Sinn und läuft damit oft den Möglichkeiten mündlicher Äußerung zuwider. Bei vielen Kindern bilden alle das Schweigen bedingenden Einzelaspekte zusammengenommen ein Einflußgefüge, das, verstärkt durch die subjektive Überzeugung, einzig mit einer derartigen Leidenssituation konfrontiert zu sein, eine fest verwurzelte, tiefe verbale Sprachlosigkeit hervorruft.

J. Kinzl et al. (1992) haben bei weiblichen Opfern, die während der Kindheit sexuell mißhandelt wurden, die Langzeitfolgen der Übergriffserfahrungen untersucht. Gelingt es demnach nicht bereits im Kindesalter, Gefühle der Angst, Hilflosigkeit und Ohnmacht zu bewältigen, so sind gravierende psychische Störungen die Folge. Im späteren Erwachsenenalter beeinträchtigen dann Ich-Schwäche, aggressive Bewältigungsmechanismen und eine Prädisposition zu objektorientierten Beziehungshaltungen die Entwicklung der Persönlichkeit.

Das andauernd konflikthaft erlebte Geschehen mobilisiert in wachsendem Maß Abwehrtendenzen, die von dem intensiv empfundenen Wunsch nach Beendigung der traumatischen Szenen getragen werden. Üblicherweise ist ein sexuell mißhandeltes Kind dem Erwachsenen, der sich seiner bemächtigt, jedoch in einer derart totalen Weise ausgeliefert, daß kaum eine Möglichkeit besteht, die Position des Schwächeren selbsttätig zu überwinden. Zudem sind viele Kinder in eine lange während Beziehung mit dem Täter eingebunden und auf ihn angewiesen. Da dieser seine Bedürfnisse absolut setzt, ist für ihn das Befinden des Kindes nicht von ausschlaggebender Bedeutung. Weil es dem Kind an Macht und Stärke fehlt, um sich dem bedrohlichen Täter gegenüber Geltung zu verschaffen, bleibt vielen Mädchen und Jungen nur die bittere Erfahrung, daß die Versuche, eine Veränderung ihrer Lebenssituation herbeizuführen, an der Realität zerbrechen. Typische kindliche Widerstandsformen werden zumeist ignoriert. Weder das Zubettgehen in Straßenkleidern noch die Installation von Geräusch- und Weckmechanismen können einen entschlossenen Widersacher ernsthaft und nachhaltig zur Aufgabe seiner Absichten bewegen. Gleiches gilt auch für andere Abwehrstrategien. Der Schutz verheißende Bannkreis aus rings um das Bett aufgestellten, wehrhaften Spielfiguren schafft nur in der Phantasie eines geängstigten Kindes Abhilfe. Mit der Zeit entwickelt sich bei ihm ein *zentraler Ambivalenzkonflikt*. Einerseits klammert sich das Opfer, wie jeder Mensch in Not, an die Hoffnung auf eine Überwindung seiner bedrohlichen

Daseinsrealität. Mit aller Macht wehrt es sich dagegen, diese Hoffnung aufzugeben. Andererseits wähnt es sich in einer derart ausweglosen Situation, daß Resignation und Furcht einer zuversichtlichen Perspektive nur wenig Raum lassen. Das sich daraus ergebende polare Spannungsverhältnis äußert sich in einem Hin-und-her-gerissen-Sein zwischen den aufrechterhaltenen ursprünglichen kindlichen Lebensbedürfnissen und der andauernden Überforderung durch Ansprüche, die sich aus der auferlegten Rolle eines Pseudopartners ergeben. Den strangulierenden Konflikt kann ein Kind aus eigener Kraft und Anstrengung nicht auflösen. Im einzelnen zeigt sich das Dilemma in vielen Facetten: Der Wunsch, handeln, vertrauen und sprechen zu wollen, wird gegenpolig von der Angst vor Zurückweisung und unüberschaubaren Konsequenzen blockiert. Der Suche nach Wegen der Auseinandersetzung und Klärung einerseits steht andererseits der ohnmächtige Drang, leugnen und verdrängen zu müssen, gegenüber. Schließlich mobilisiert die innere Spaltung die Hoffnung auf Heilung, während tiefes Mißtrauen gegenüber der sozialen Umwelt heilenden Beziehungserfahrungen wiederum entgegensteht.

Das sich bei anhaltender sexueller Mißhandlung anstauende Konfliktpotential bricht sich Bahn in *symptomatischen Reaktionen,* die sehr vielfältig sein können. Der Grad ihrer Intensität und Ausprägung erscheint um so heftiger, je stärker das jeweilige Kind Schaden genommen hat und je deutlicher seine persönlichen Bewältigungskräfte überfordert sind. In diesem Zusammenhang sind oftmals solche Verhaltensweisen und -änderungen von Bedeutung, die offensichtlich nicht mit dem gewohnten Auftreten des Kindes und seinem vertraut gewordenen Erscheinungsbild übereinstimmen.

Besonders bedeutsam sind zudem genital-sexuelle Aktivitäten und Spielinszenierungen, wenn sie in Hinblick auf das Alter des Kindes einen auffallend unüblichen Erfahrungs- und Kenntnisstand repräsentieren. Auf der psychosomatischen Ebene wurden wiederauftretendes Bettnässen sowie Schlaf- und Eßstörungen beobachtet. Bei älteren Kindern fanden sich abdominale Schmerzen, Kopfschmerzen, sexuell provokatives Verhalten, sozialer Rückzug und ungeklärtes Schulversagen. Eindeutige Hauptsymptome wie Geschlechtskrankheiten, genitaler oder analer Juckreiz sowie Entzündungen und Verletzungen der Genitalien werden demgegenüber nur selten diagnostiziert (vgl. Fürniss, 1986, 337).

Abgesehen von den eindeutig körperlich zuzuordnenden Indikatoren sowie den altersuntypisch sexualisierten Verhaltensweisen handelt es sich bei den übrigen Anhaltspunkten um unspezifische Symptome. Häufig haben sie nicht eine sexuelle Mißhandlung zum Gegenstand, sondern sind Ausdruck eines andersartigen Konflikts. Ihr hinweisender Charakter begründet für sich genommen noch nicht den Befund einer sexuellen Schädigung. In jedem Einzelfall müssen entsprechende Hinweise daher sehr sorgfältig, aufmerksam und unvoreingenommen abgeklärt und geprüft werden.

Aufdeckung und Therapie

Die Phase der Kontaktaufnahme und Beziehungsanbahnung zwischen einem sexuell mißhandelten Kind und seinem Therapeuten ist in vielen Fällen durch die zu diesem Zeitpunkt noch verdeckte Hintergrundproblematik bestimmt. In Übereinstimmung mit der Erfahrung von sexueller Kindesmißhandlung als Syndrom der Geheimhaltung werden viele der betroffenen Kinder ohne eine in der Sache klare Ausgangsdiagnose zur Therapie angemeldet. Die Rede ist dann von Verhaltensauffälligkeiten, psychosozialen Schwierigkeiten, Interaktionsstörungen, Lern- und Schulversagen oder Entwicklungsverzögerungen ungeklärter Ursache. Jedem der in Teil 4 skizzierten Fallbeispiele ging eine solchermaßen verkürzte oder offene Diagnose voraus. Klarheit über die zentrale Thematik und ihre maskierten Inhalte entstand erst im Laufe der sich entwickelnden therapeutischen Beziehung. Unter Umständen kommuniziert ein Kind seine traumatischen Erlebnisse auch nicht im Rahmen einer explizit psychotherapeutischen Behandlung. Besteht beispielsweise eine Präferenz für heilpädagogische Therapie und legt ein Kind daraufhin dort die Mißhandlungsfakten offen, so sollte im vertraut gewordenen Rahmen eine wirksame Unterstützung möglich sein. Gelingen kann dies unter der Voraussetzung, daß auch innerhalb der Heilpädagogik psychotherapeutische und mißhandlungsspezifische Methodenkompetenz im Sinne eines integrativen Arbeitsansatzes zur Verfügung steht (vgl. Reichelt, 1992).

Von grundsätzlicher Bedeutung für den notwendigen *Wechsel des therapeutischen Settings* ist derjenige Moment, in dem ein sexuell mißhandeltes Kind den Therapeuten themenbezogen mit ersten gemalten, gespielten oder gesprochenen Signalen konfrontiert. Anfänglich spiegeln sie die bedrückende Wirklichkeit häufig nur schemenhaft und andeutungsweise. Der daraus resultierende, vielleicht zunächst nur vage Verdacht erfordert eine Umorientierung von der primär therapeutischen zu einer vordringlich aufdeckenden Handlungsebene. Während Therapie durch einen interpretierenden, nach Bedeutung fragenden Modus gekennzeichnet ist, richtet der *aufdeckende Arbeitsstil* das Augenmerk auf eine untersuchende, nach den Fakten fragende Vorgehensweise. Solange das primär therapeutische Setting für die Zeitspanne der Aufdeckung unterbrochen ist, tritt somit an die Stelle von offen artikulierten Deutungen, die immer auch die Gefahr irrtümlicher Einschätzung und suggestiver Beeinflussung beinhalten, ein andersartiger Blickwinkel. Die Aufmerksamkeit gilt nun den spontanen, ausdrücklichen und spezifischen Hinweisen des Kindes, insofern sie Aufschluß über Art und Umfang seiner sexuellen Erlebnisse geben (vgl. Fürniss, 1991, 202ff.).

In dieser Phase ist es sehr wichtig, dem Kind rückzumelden, daß seine Andeutungen verstanden und ernstgenommen werden. Um die tendenziell begonnene Offenlegung durchhalten und Schritt für Schritt präzisieren zu können, muß es sicher sein, daß die Person, der sein Vertrauen gilt, bereit ist, sich auf seine Thematik einzulassen, um mit ihm zusammen nach einem Ausweg zu suchen. Therapeuten müssen dazu die nicht leicht zu erwerbende Kompetenz entwickeln, geduldig abwarten zu können. Für eine unter Umständen länger andauernde Zeitspanne müssen Erschrecken, Zweifel, Ungewißheit und besonders die Sorge um das Wohl des Kindes ausgehalten werden, ohne daß ein aktiv schützendes Handeln möglich wäre. Eine vorschnelle Äußerung von noch nicht schlüssig abgeklärten Verdachtsmomenten führt demgegenüber häufig zum Abbruch der therapeutischen Kontakte durch die Bezugspersonen. Gleichzeitig verstellt dann der Mangel an zweifelsfrei belegbaren Fakten juristischen Interventionen zum Kindeswohl den Weg, so daß einer Veränderung der Lebensumstände zugunsten des jeweiligen Opfers unter Umständen keine Chance mehr bleibt.

Ob Aufdeckungsarbeit die Klärung der entstandenen Verdachtsmomente herbeiführen kann, hängt entscheidend davon ab, inwieweit es dem jeweiligen Kind gelingt, sein Schweigen gegen aufkommende Angst und gegenwirkenden Geheimnisdruck zu überwinden. Behutsam soll es dabei unterstützt werden, wieder kommunikative Kompetenz zu entwickeln, um sich im weiteren Verlauf mehr und mehr zielgerichtet äußern zu können. Mit der

Zeit setzen Zuhören, Anteilnahme und Ermutigung einen Dialog in Gang, der die allmählich Kontur gewinnenden Erinnerungsfragmente bestätigt und dem Therapeuten zunehmend Aufschluß über die Fakten und Umstände der sexuellen Mißhandlung liefert. Der damit gewonnene, gut begründbare Kenntnisstand versetzt ihn in die Lage, die Eltern oder Bezugspersonen des Kindes auf überzeugende Weise mit der Realität der sexuellen Mißhandlung konfrontieren zu können.

Im Vordergrund eines solchen Gesprächs steht die Notwendigkeit, sexuelle Übergriffe gegenwärtig und zukünftig zu unterbinden. Vorher müssen unbedingt alle Aspekte des Kinderschutzes sorgfältig bedacht werden. Dazu gehört insbesondere die Suche nach einer geeigneten Möglichkeit der Fremdunterbringung für den Fall, daß im Zuge der Konfrontation die Situation für das betreffende Kind gefährlich wird. Eine für das Opfer bedrohliche Konstellation entsteht beispielsweise, wenn akute Repressalien als Reaktion auf den Geheimnisverrat zu befürchten sind, die Stabilität des familiären Systems völlig aus der Balance gerät oder die im Regelfall notwendige räumliche Trennung von Täter und Opfer anderweitig nicht zu gewährleisten ist. Schnelles und reibungsloses Intervenieren setzt zu diesem Zeitpunkt meistens die vorab erprobte und abgestimmte Kooperation mit dem Jugendamt, eventuell auch mit juristischen Institutionen voraus. Ferner soll vor der Offenlegung der vom Kind mitgeteilten Sachverhalte die Möglichkeit zur therapeutischen Versorgung des Täters und der Herkunftsfamilie abgeklärt und sichergestellt sein.

Therapeutische Handlungsstrategien kommen in ihrer aufdeckungsunabhängigen Form nach einer bereits erfolgten Offenlegung der Fakten zum Tragen. In Fällen besonders starker Traumatisierung oder akuter Gefährdung des Kindes sind sie Bestandteil stationärer Kinderschutzarbeit (vgl. Diedenhofen, Schlack, 1993). Stellt das

Zuhause des Opfers hingegen keine Bedrohung dar, finden therapeutische Methoden im ambulanten Setting Anwendung. Die Fallbeispiele in Teil 4 zeigen, daß Aufdeckung und Therapie in sinnvoller Weise ineinander übergehen können, wobei die aufgezeigten Besonderheiten des zeitweise untersuchenden Modus (keine offen ausgesprochenen Deutungen und Interpretationen) zu berücksichtigen sind. Von der therapeutischen Wirkung her betrachtet, bilden beide Methodenkomplexe ohnehin häufig eine Einheit. Insofern beispielsweise Aufdeckungsprozesse mittels gemalter Inhalte Geheimnisdruck, Sprachlosigkeit und Isolation aufzulösen vermögen, sind auch diese Methoden von großem therapeutischen Wert und Nutzen.

Die Grundlage für das angestrebte Entwicklungsgeschehen bildet die *therapeutische Beziehung*. Eine das Kind ermutigende Vertrauensbasis läßt Unvoreingenommensein, Anteilnahme und Verständnis spürbar werden. Das unterstützende Begleiten des Kindes schließt notwendig auch die Akzeptanz von Provokationen und Verhaltensauffälligkeiten mit ein. Sie stellen den Versuch dar, die sexuellen Erlebnisse zu verarbeiten. Zudem zeugen sie vom Bemühen des Kindes, die entsprechenden Erfahrungsinhalte unter die eigene Kontrolle zu bekommen, denn die Initiative geht nun, anders als während der zurückliegenden Mißhandlung, vom ihm selbst aus. Dem jeweiligen Kind dabei zu helfen, die verfestigte Opferrolle zugunsten von zurückgewonnener Handlungsautonomie zu überwinden, beschreibt eine der zentralen therapeutischen Aufgaben (Bruder, 1991).

Die therapeutische Beziehung selbst entfaltet ihre Wirkung auf zweifache Weise. Zum einen befriedigt sie das *Bedürfnis nach protektiver Zuwendung*. Für sexuell mißhandelte Kinder erfüllen solche Beziehungsangebote eine wichtige Funktion (Fürniss, 1986, 338). Sie vermitteln ein alternativ-ergänzendes Verständnis von der Möglichkeit partnerschaftlicher Interaktion zwischen Erwachsenen und Kindern. Sexuell mißhandelten Mädchen und Jungen fehlt oft die fraglose Erfahrung, um ihrer selbst willen als Person mit Anspruch auf Integrität und Würde respektiert zu werden. An die Stelle von Wahrnehmungsinhalten der Machtlosigkeit und des Ausgeliefertseins sollen in der Therapie modifizierende Erfahrungen von Selbstachtung und Selbstwert treten (Fürniss, 1989, 87). Unabhängig vom Konzept der Maltherapie oder anderer Methoden sind Fortschritte in der Auseinandersetzung mit den traumatischen Inhalten erst auf dem Hintergrund einer zuwendungsintensiven Atmosphäre denkbar.

Die unterstützende Qualität der therapeutischen Beziehung zielt zum anderen auf die direkte *Bearbeitung des sexuellen Traumas.* Dieses unterscheidet sich von anderen Traumasituationen in wesentlicher Hinsicht. Die unter dem Aspekt der Geheimhaltung beschriebenen äußeren, interaktionellen und psychischen Beeinträchtigungsfaktoren produzieren im zirkulären Wechselspiel eine charakteristische Desorientierung, die als ›Erfahrung der Nichterfahrung‹ bezeichnet wird. Während üblicherweise Traumaarbeit an einer subjektiv überfordernden, aber gleichwohl objektiv wahrgenommenen und überprüfbaren Realität anknüpft, fehlt sexuell mißhandelten Kindern der unbestrittene Orientierungspunkt einer zweifelsfrei realen Erfahrung (Fürniss, 1991, 31). Aus der daraus resultierenden diffusen Verwirrung ergibt sich zunächst die therapeutische Aufgabe, die objektive Realität der sexuellen Erlebnisse als authentische Wahrnehmungsrealität im Bewußtsein zu verankern. Daraufhin soll der gewonnene Kenntnisstand über die Zeitspanne der aufeinanderfolgenden Therapiestunden hinweg als solcher erhalten werden. Dabei ist der häufig zu beobachtenden Tendenz entgegenzuwirken, die bereits offengelegten Fakten aufs Neue verdrängen oder leugnen zu müssen. Schließlich zielt der dritte Schritt therapeutischen Handelns darauf, die sexuelle Mißhandlung in ihrer Bedeutung für das psychische Empfinden und Beziehungserleben offenzulegen (Fürniss, 1993, 266).

Defensive Verhaltensweisen rücken einerseits dann wieder in den Vordergrund, wenn Nähe und Intensität der sichtbar werdenden Mißhandlungsepisoden unvermittelt ein übergroßes Erschrecken auslösen. Oft sind es aber auch erst mit der Zeit aufkeimende Sorgen und Ängste, die ein mißhandeltes Kind dazu veranlassen, die schon einmal aufgedeckten Inhalte zurückzunehmen, umzudeuten oder abzuschwächen. Loyalität zum Täter, Sorge um sich selbst und den Erhalt der Familie, Angst vor Strafe und Isolation oder Schuldgefühle, die einem ›verratenen‹ Menschen gelten, begründen dann die wiederauftretenden Verschleierungstendenzen.

Weil der therapeutische Prozeß zumeist nicht von kommunikationshemmenden Phasen verschont bleibt, ist es wichtig, sowohl *direktive* wie auch *non-direktive Methoden* zur Verfügung zu halten. Dem Stand der Auseinandersetzung entsprechend kann dann je nach Erfordernis flexibel entschieden werden, welcher Therapiemodus im Augenblick angezeigt ist. Unterschiedliche Verlaufsprozesse haben übereinstimmend gezeigt, daß nicht-direktive Sequenzen den Prozeß der Aufdeckung und Therapie eine zeitlang entscheidend in ihrem Fortgang fördern können. Es reicht dann aus, die Inszenierungen des Kindes bestätigend und bekräftigend zu begleiten. Oft verlangt aber der weitere Stundenverlauf irgendwann ein deutlich hinführendes Vorgehen. Ängstlich werdenden Kindern hilft dann die Orientierung an den therapeutischen Vorgaben dabei, Etappen der Verunsicherung zu überwinden.

Ein wesentlicher Grund für das plötzliche Versiegen spontaner Äußerung und der parallel dazu auftretenden Angst und Blockierung besteht in der spezifischen Entwicklung von Angstdynamik bei Geheimniszwang. In der Therapie von unbewußter Problematik werden die Benennung, Interpretation und Deutung des individuellen Konfliktthemas zumeist als entlastend erlebt und führen deshalb zum Abklingen der Angstgefühle. Demgegenüber verläuft die Angstkurve in der Geheimnistherapie genau entgegengesetzt. Je deutlicher sich Kind und Therapeut mit dem zeitlichen Fortgang der Stunden dem Geheimniskern nähern, desto stärker wächst beim Opfer die Angst vor den durch die Offenlegung der Fakten zu befürchtenden Konsequenzen (Fürniss, 1991, 156).

Im Mittelpunkt des therapeutischen Handelns steht die Bearbeitung der vielfältigen Facetten des Mißhandlungsgeschehens. Zum Ende der Therapie soll die Annahme des sexuellen Traumas als Bestandteil leidvollbiographischer Lebenserfahrung erarbeitet sein. Akzeptiert das Kind die lange in deutlichem Abstand zum Ich gehaltene sexuelle Bedrohung als Teil einer überwundenen Wirklichkeit, so kann es die zum Selbstschutz entwickelten Verhaltensweisen zurücknehmen. Es bleibt nicht länger darauf angewiesen, sich eine die seelischen Verletzungen mildernde Scheinrealität zu schaffen, und muß die innere Spaltung seiner Person nicht länger aufrechterhalten.

Damit dieses Ziel erreicht werden kann, ist es unerläßlich, auf die Auflösung der vom Kind notgedrungenerweise konstruierten Identifikation mit dem Täter hinzuwirken. Die auf seine Person hin verdrängte Wut benötigt in der Regel zunächst eine therapeutische Umgebung, um in Form aggressiver Impulse zugelassen und ausgedrückt werden zu können (Bruder, 1991).

Der Begriff ›Diagnostik‹ wird nachfolgend nicht als eigenständige Arbeitskategorie verwandt. Zwei Gründe sind hierfür ausschlaggebend: Interpretierende Überlegungen zur Befindlichkeit der Kinder waren im Rahmen »prozeßualer Diagnostik« (Ramin et al., 1987, 370) immer bereits in das therapeutische Geschehen eingebettet, also integrativer Bestandteil von Therapie. Dahinter steht die Erfahrung, daß Mißhandlungsopfer ihre drastische Konfliktsituation zumeist erst dann offenlegen, wenn eine vertrauensvolle, von wirklicher Anteilnahme und der Bereitschaft zur Beziehungskonstanz bestimmte therapeutische Haltung eine vorleistende Atmosphäre schafft. Für die eigentliche Phase der Aufdeckung lehnt T. Fürniss (1993, 266) den diagnostischen Begriff zudem deswegen ab, weil er im Sinne interpretativer Psychodiagnostik (Wie geht es dem Kind?) an dem Bemühen um die Ermittlung von Fakten und Handlungsabläufen (Was ist passiert?) vorbeizielt.

Sexuelle Kindesmißhandlung und therapeutische Verantwortung

Der Philosoph H. Jonas (1979, 184ff.) sieht im Kind und allen aus seiner Existenz hervorgehenden Bedürfnissen den ureigensten Gegenstand von Verantwortung überhaupt. Die Merkmale ›Totalität‹, ›Kontinuität‹ und ›Zukunft‹ sind diesem Verständnis immanent. ›Totalität‹ bedeutet in diesem Zusammenhang die Relevanz aller Aspekte kindlicher Entwicklung. ›Kontinuität‹ beschreibt zum einen die Notwendigkeit andauernder, nicht aussetzender Verantwortung, zum anderen die Orientierung an übergreifenden Handlungszielen. Auf ›Zukunft‹ hin gerichtet ist verantwortliches Handeln, weil es seine Folgen zu bedenken hat. In Übereinstimmung mit diesen weitgefaßten Verantwortungsbegriffen kennzeichnet besonders die mit der kindlichen Entwicklungsförderung betrauten pädagogischen und therapeutischen Berufsgruppen ein ausgeprägt *verantwortungsgerichtetes Selbstverständnis.*

Die Übernahme einer partiellen Verantwortung, die das Wohlergehen der anvertrauten Mädchen und Jungen zum Gegenstand hat, stellt eine unverzichtbare Voraussetzung für das Gelingen therapeutischer Prozesse dar. Verantwortungsempfinden unterscheidet tragfähige Beziehungen von unverbindlichen Kontakten. Psychisches Wachstum und ein sich entwickelndes Identitätsbewußtsein als zentrale therapeutische Ziele entstehen wiederum erst auf dem Hintergrund von heilendem Beziehungserleben. Eingebunden in die therapeutische Beziehung, identifiziert sich der Erwachsene mit der Konfliktlage des Kindes und wünscht mit ihm eine Veränderung derjenigen Einflußfaktoren, die es an der uneingeschränkten Entwicklung seiner Person hindern. Therapeutische Zielvorstellungen begründen sich demnach notwendigerweise aus einem grundlegenden Veränderungsanspruch, der darauf abzielt, Kindern aus bedrängenden Lebenssituationen herauszuhelfen. Angst, Leid und Unfreiheit sollen mit Hilfe der therapeutischen Beziehung überwunden werden, damit an ihre Stelle Orientierung, Selbstbestimmung und Perspektive treten können (vgl. z. B. Axline, 1980, 75ff. und Ramin et al., 1987, 390ff.).

Aus der Identifikation mit dem Kind resultieren allerdings auch Probleme. W. Schmidbauer (1982) hat in diesem Zusammenhang auf die bei vielen Helfern weitverbreiteten Überforderungstendenzen und überzogenen Rollenerwartungen hingewiesen. Letzten Endes führe dies häufig zu Hilflosigkeit und selbstblockierenden Verhaltensweisen, die den Erfolg der Bemühungen in Frage stellen.

Innerhalb der therapeutischen Arbeit mit sexuell mißhandelten Kindern bergen ausgeprägte Erwartungshaltungen in besonderem Maße die Gefahr, daß aus anfänglicher Anteilnahme ein massiver Handlungs- und Veränderungsdruck erwächst. Angesichts der existentiellen Bedrohung und potenzierten Leiderfahrung, die betroffene Kinder signalisieren, wächst unter Umständen rasch ein überbordendes Helferverhalten. Ihr Schicksal soll gegen alle schädigenden Einflüsse und unter allen Umständen den berechtigten kindlichen Bedürfnissen entsprechend verändert werden.

Sexuelle Kindesmißhandlung stellt aber, insbesondere beim Vater-Tochter-Inzest, ein enorm komplexes und zutiefst widersprüchliches Geschehen dar. Daher erscheint eine wirklich zufriedenstellende Lösung manchmal unmöglich. In anderen Fällen stellen bereits Teilerfolge das Höchstmaß an möglicher Hilfe dar. Viele der immer wieder zur Entscheidung anstehenden Fragen sind eindeutigen Beurteilungskriterien wie ›ja‹ oder ›nein‹ und ›richtig‹ oder ›falsch‹ entzogen. Ebenfalls sind unterschiedliche Antworten innerhalb verschiedenartiger Kontextbedingungen gleichzeitig richtig, während unzweideutige Maßstäbe die Wahrheit nicht selten verkürzen. Wer wollte beispielsweise vorab, von Zweifeln frei, entscheiden, ob sich ein aus der Ursprungsfamilie herausgenommenes Kind in seiner neuen Umgebung nicht eher bestraft als unterstützt fühlt? Wer könnte angesichts der häufig überschießend sexualisierten Verhaltensweisen ausschließen, daß sich das Mißhandlungsgeschehen anderenorts fortsetzt? Wer wäre in der Lage zu garantieren, daß ein nach erfolgter Tätertherapie nach Hause zurückgeführtes Kind nicht dort unter ungünstigsten situativen Bedingungen erneut mißhandelt wird? Und wer wollte schließlich im Vorhinein die Möglichkeit des Irrtums ausschließen, wenn eine Antwort auf die Frage gesucht wird, ob eine Rechtsintervention im Interesse des Kindes liegt oder diesem widerspricht? Häufig lassen sich auf derlei Fragen weder schnelle Antworten noch ein richtungsweisender ›Königsweg‹ finden, der den *Einklang von Entscheidungserkenntnis und individuellem Kindeswohl* zweifelsfrei zu gewährleisten im Stande wäre.

Weil Komplexität und Ambivalenz die Thematik bestimmen, kommt es bei der Arbeit mit sexuell mißhandelten Kindern immer wieder unweigerlich zu fehlerhaften Handlungsweisen, die zum Scheitern der Bemühungen führen können (Fürniss, 1989, 117). Es wäre zynisch, derartige, an der Realität orientierten Befunde zum Anlaß zu nehmen, sexuell mißhandelten Kindern eine entschiedene Unterstützung zu verweigern und sie resignierend ihrem Schicksal zu überlassen. Wer vom Kind ins Vertrauen gezogen wurde, darf sich seiner besonderen Verantwortung nicht entziehen und sollte das Mögliche unternehmen, um in Zukunft den Schutz des Kindes sicherzustellen und eine von Bedrohung freie Entwicklung zu gewährleisten. Dennoch besteht die Möglichkeit, daß therapeutisches Handeln aus Gründen mangelhafter Erfahrung oder irrtümlicher Beurteilung nicht die erwünschte Wirkung entfaltet. Die *Möglichkeit des Scheiterns* ist bedrückend für jeden, der mit einem auf Hilfe angewiesenen Kind die Hoffnung teilt, dessen Lebenssituation zum Besseren wenden zu können. Diesen häufig eher geleugneten Aspekt der Wirklichkeit von Anfang an mit in Erwägung zu ziehen, erspart niemandem die akute Krise, sollte die negative Möglicheit eines Tages zur Gewißheit werden.

Eine realistisch-abgewogene Einschätzung der Chancen, Risiken und Unwägbarkeiten schafft in Hinblick auf die konkrete Beurteilungssituation ein sachlich-unaufgeregtes Klima, das von überzogenen Ansprüchen entlastet und damit auch mögliche Ohnmachtserfahrungen aushalten läßt. Ein solcher Verständnishintergrund ist aus zweierlei Gründen von zentraler Bedeutung. Zum einen erhöht er auf jeden Einzelfall bezogen die Wahrscheinlichkeit einer letztendlich erfolgreichen Intervention. Zum anderen wird auf diese Weise langfristig eine kontinuierliche und wirksame Unterstützung sexuell mißhandelter Kinder erst möglich. Wer demgegenüber am Ergebnis gescheiterter Bemühungen verzweifelt, kann für Mißhandlungsopfer fortan keine Hilfe mehr sein.

Zur Frage der therapeutischen Zuständigkeit

Die Diskussion über die Frage, welche Gruppe von Helfern mit einer hinreichenden Kompetenz ausgestattet ist, um für sexuell mißhandelte Kinder die notwendigen Interventions- und Therapiemaßnahmen durchzuführen, wird in der Bundesrepublik Deutschland nicht ohne *ideologische Akzentuierung* geführt. Mißtrauen und Unterstellungen erschweren in diesem Zusammenhang immer wieder ein sachlich-konstruktives Miteinander zugunsten betroffener Kinder. Wechselseitig stellen professionelle Helfer einander eine aufrichtige, am Wohl des Kindes orientierte Gesinnung in Abrede. Der eine pauschal geäußerte Vorwurf lautet: Männliche Therapeuten, die mit sexuell mißhandelten Mädchen arbeiten, mißbrauchten diese erneut, da sie sich entweder als bessere Männer beweisen wollten oder ihrerseits an sexuellen Interaktionen interessiert seien (Enders, 1990, 133). Die hierzu antithetisch vertretene Meinung spricht feministisch orientierter Beratungs- und Therapiearbeit die Zuständigkeit für sexuell geschädigte Kinder ab. Es wird unterstellt, daß dort Mißhandlungsopfer als Vehikel für die Auseinandersetzung mit patriarchalischen Gesellschaftsstrukturen benutzt würden (Rutschky, 1992, 22).

Derartige, von Vorrangansprüchen und lähmendem Streit gekennzeichnete Positionen mißachten in unverständlicher Weise gerade das Anliegen derjenigen, deren Rechte zu verteidigen sie vorgeben. Wer als Kind Opfer von sexueller Gewalt wurde, hat Anspruch auf die kooperativ gebündelten Anstrengungen all derjenigen Institutionen, die in projektorientierten, klinischen und beratenden Arbeitsfeldern Verantwortung für die funktionierende therapeutische Versorgung von Kindern übernommen haben, die in seelische Not geraten sind.

Die Zugehörigkeit zu einer Institution oder Geschlechtsgruppe stellt hierbei weder eine notwendige noch eine hinreichende Eignungsbedingung für die therapeutische Arbeit dar.

T. Fürniss (1991, 311ff.) hat keine generell anzunehmende Kontraindikation für *geschlechtsunspezifische Therapeut-Kind-Konstellationen* gefunden. Die Kenntnis und Handhabung von geschlechtsspezifischen Risikofaktoren bildet hierfür allerdings eine unverzichtbare Voraussetzung. So muß ein männlicher Therapeut, der mit einem Mädchen arbeitet, um die Möglichkeit von plötzlich auftretenden Angstreaktionen wissen und sein Handeln darauf abstimmen. Ferner muß er in der Lage sein, angesichts von sexuell aufgeladenen Verhaltensweisen und Projektionen seinerseits sexuell gefärbte Reaktionen und Handlungen zu vermeiden. Schließlich darf er sich nicht in einer Wiederholung des Mißhandlungskontexts mit dem Mädchen gegen die Mutter verbünden. Bei weiblichen Therapeuten darf die notwendige Solidarität und Identifikation mit dem Opfer nicht dazu führen, daß möglichen positiven Beziehungsanteilen im Verhältnis zum vertrauten Täter in der Therapie der Raum verwehrt wird. Während der Phasen, in denen Mädchen Haß und Zorn auf den mißhandelnden Mann aktualisieren, sollen Therapeutinnen Äußerungen vermeiden, die das Kind in der Annahme bestätigen, daß Männer grundsätzlich schlecht seien. Sodann darf sich die Therapeutin nicht der Bearbeitung derjenigen negativen Gefühle entziehen, die der nicht schützenden und nicht glaubenden Mutter gelten. Es ist von grundsätzlicher Bedeutung für alle professionellen Helfer, der Gefahr zu begegnen, die Bedürfnisse der Mißhandlungsopfer mit eigenen Projektionen und persönlichen Haltungen zu verwechseln.

Die im Rahmen der dargestellten klinischen Therapieverläufe gewonnenen Erfahrungen bestätigen die Auffassung, wonach auch männliche Therapeuten die erforderliche Unterstützung weiblicher Opfer leisten können (vgl. Hirsch, 1993, 26). In der Mehrzahl der Fälle entwickelten sich die Therapeut-Kind-Interaktionen in einer angstfreien Atmosphäre. Besonders dann, wenn Aufdeckungs- und Therapieprozesse in der angesprochenen Weise ineinander übergingen, charakterisierte ein entlastendes Klima den Verlauf des therapeutischen Prozesses. Die Grundlage hierfür bildete die vorangegangene Entscheidung des Kindes, den angesprochenen Erwachsenen gezielt ins Vertrauen zu ziehen.

Sexuell mißhandelte Kinder vertrauen sich jedoch nur selten zuerst einer mit ihrer Problematik theroetisch und praktisch erfahrenden professionellen Helferperson an. In der Regel wählen sie sich die *persönliche Vertrauensperson* innerhalb ihrer sozialen Umgebung (Fürniss, 1991, 188). Demnach ist vielfach eher die Erzieherin im Kindergarten, der Lehrer in der Schule oder eine Verwandte diejenige Person, in deren Anwesenheit sich ein sexuell mißhandeltes Kind sicher und geborgen genug fühlt, um zielgerichtet Signale über seine Erlebnisse zu äußern. Wer als Vertrauter des Kindes von diesem selbst ausgewählt wurde, ist aus seiner Sicht in besonderer Weise geeignet, ihm angesichts akuter Not weiterzuhelfen. Die ins Vertrauen gezogene Person sollte deshalb, unabhängig davon ob Frau oder Mann, Laie oder Spezialist, den Kontakt zum Kind vertiefen, um den begonnenen Dialog nach Möglichkeit bis zur vollständigen Aufdeckung fortführen zu können.

Die in Teil 4 skizzierten Falldarstellungen belegen, daß Therapien, die bei maskierter Hintergrundthematik begonnen wurden, plötzlich zu Aufdeckungsprozessen werden können. Der Therapeut hat dann unter Umständen die Rolle der zentralen Vertrauensperson inne. Eine derartige Konstellation entsteht, wenn ein Kind in seiner sozialen Umgebung noch niemanden fand, der ihm glaubte oder seine Signale zu entschlüsseln verstand. In dieser Situation werden viele Kinder mit unspezifischen Symptomen und aus diffuser Sorge der Bezugspersonen zur Therapie angemeldet. Entsteht dort eine verläßliche Vertrauensbeziehung, so wird ein nach Unterstützung suchendes Kind den Versuch unternehmen, im Therapeuten endlich den dringend notwendigen Kommunikationspartner zu finden.

Obwohl Kinder nach Übergriffserfahrungen immer wieder in der beschriebenen Weise individuell abwägen, wem sie vertrauen wollen, wird in Hinblick auf die im eigentlichen Sinne therapeutische Zuständigkeit wiederholt für ausschließlich geschlechtsspezifische Hilfen plädiert (Enders, 1990, 132, Mitnick, 1986, 98).

Unabhängig von der Qualität der therapeutischen Beziehung können in der Mißhandlungstherapie – nach einer entspannten Anfangsphase – zu einem späteren Zeitpunkt plötzlich Angstsymptome auftreten. Die Ursache hierfür liegt häufig in der sich mit der Zeit verringernden Distanz zum Kern der Problematik begründet. In derartigen Momenten hat sich eine Veränderung des therapeutischen Settings bewährt. Herandrängende Gefühle der Bedrohung und Ohnmacht konnten beispielsweise durch die ausdrückliche Erlaubnis bewältigt werden, den Raum jederzeit durch die weit geöffnete Zimmertür verlassen zu dürfen. Unbedingt vermieden werden müssen in jedem Fall Erfahrungen, in denen sich Mißhandlungsopfer in einer angstmobilisierenden Eins-zu-Eins-Situation wähnen, die sie aus eigener Kraft weder verlassen noch beenden können.

In unserer täglichen Arbeit haben wir auf die besonderen Bedürfnisse einzelner Kinder Rücksicht genommen. Als hilfreich und entlastend stellte sich im Einzelfall beispielsweise die Anwesenheit einer vertrauten Bezugsperson heraus. Die Mutter eines plötzlich ängstlich gewordenen Kindes blieb dann bei ihm im Therapiezimmer, solange dies seinem Wunsch entsprach. In anderen Fällen ergaben Vorinformationen oder erste Verhaltensbeobachtungen eine entschiedene Präferenz für eine weibliche Therapeutin. Gleiches galt selbstverständlich auch dann, wenn ein sexuell mißhandeltes Mädchen von vornherein nicht zu einem männlichen Therapeuten wollte. Handlungsleitendes Kriterium für die Wahl des Therapeuten war immer eine entsprechende Entscheidung des Kindes selbst oder ein Prüfen der individuell gegebenen Mißhandlungsumstände und der daraus im Einzelfall abzuleitenden Schlußfolgerungen.

Letztlich ist das Gelingen von Aufdeckungs- und Therapieprozessen aber zumeist weniger von der Geschlechtsgruppenzugehörigkeit des Therapeuten als von seiner zwischenmenschlichen und fachlichen Kompetenz abhängig. Sexuell mißhandelte Kinder benötigen in erster Linie einen Menschen, dem sie vertrauen können und der in der Lage ist, ihre Problematik und deren Bedeutung intuitiv, empathisch und informiert zu erfassen. In einem zweiten Schritt müssen auf der konkret methodischen Handlungsebene Möglichkeiten helfender Intervention entwickelt werden.

Unabhängig von der Zugehörigkeit zu einer bestimmten Berufsgruppe sieht H.S. Herzka (1989, 117) in den *Persönlichkeitsfaktoren* des Therapeuten die entscheidende Determinante für erfolgreiche Interventionen bei seelischer Gewalt gegenüber Kindern. Mitgefühl, Geduld und Empathie bilden demzufolge gemeinsam mit den Fähigkeiten, Nähe und Distanz zu regulieren, die zentrale Voraussetzung für helfendes Handeln. Neben der Bereitschaft zur Reflexion über die persönlichen Erwartungs- und Werthaltungen und der Handhabung des Konzeptes von Übertragung/Gegenübertragung ist außerdem eine unvoreingenommene Stellung im Beziehungsdreieck mit Eltern und Kind von wesentlicher Bedeutung.

Selbst dann, wenn der Tatbestand der sexuellen Mißhandlung zu einer nicht zu leugnenden Tatsache geworden ist, müssen viele Kinder auf Grund der institutionellen Überlastung noch zu lange auf einen freiwerdenden Therapieplatz warten. Dort sind sie schließlich auf achtsame und sachkompetente Erwachsene dringend angewiesen. Dies gilt ungeachtet dessen, ob die ins Vertrauen gezogene Person der ärztlichen, therapeutischen, pädagogischen oder psychologischen Berufsgruppe angehört und unabhängig davon, in welche Einrichtung ein Mißhandlungsopfer nun mehr oder weniger zufällig gerät und dort seinen Ansprechpartner sucht.

Teil 2

Grundlagen der Maltherapie

Die therapeutische Wirkung des Malens

Die zielgerichtete Verwendung des Malens als therapeutische Methode greift ein natürliches, therapieunabhängiges kindliches Interesse auf. Aus Freude am Experimentieren, Gestalten und Kommunizieren entwickeln Kinder eine Bild- und Formsprache, in der phasentypische Merkmale und persönliche Darstellungsideen miteinander verknüpft werden. Kritzelspuren entwickeln sich zu Kreis-, Kreuz- und Spiralformen. Diese wiederum wandeln sich zu magisch wirkenden Figuren. Erste Menschzeichnungen entstehen (vgl. Strauss, 1983). Das spontan kritzelnde, zeichnende und malende Kind »stellt heraus, es stellt dar und hält so eine tätige Zwiesprache mit seinem Inneren, seinem Körper, der sich noch wohl erinnert« (Grözinger, 1975, 20). Während des Malens ist das Kind eingebunden in einen Dialog mit sich selbst und der dinglich-sozialen Umwelt, mit der es sich sinnbildhaft zu verständigen versucht. Die nacherlebende Auseinandersetzung mit Alltagserfahrungen und phantasiegeleiteten Vorstellungen hilft Unverstandenes und Neues zu begreifen. Im Bild entworfene Lösungsversuche können anschließend in der Realität erprobt, bestätigt oder verworfen werden und tragen dadurch dazu bei, Entscheidungsspielräume zu eröffnen und das sich entwickelnde Urteilsvermögen zu schulen. Schließlich verfügt das malende Kind über ein differenziertes Ausdrucksvermögen, das den bildhaften Übersetzungsvorgang von ein- und vieldeutigen Aussageabsichten gestattet. Zeichnen und Malen sind für Kinder also ursprüngliche und *selbstverständliche Ausdrucksmittel,* derer sie sich auf vielfältige Weise unaufgefordert und spontan bedienen.

Von therapeutischem Nutzen ist diese kindgerechte Verständigungsebene aus unterschiedlichsten Gründen. Bildsprachliche Kommunikation wird in verstärktem

Maße beispielsweise dann angewandt, wenn angstauslösende Erlebnisse geklärt und verarbeitet werden müssen. Erkennbar ist diese Tendenz in dem immer wieder zu beobachtenden Versuch, überfordernde Erfahrungsinhalte durch Übermalen, Durchstreichen oder Wegzaubern bannen und ungeschehen machen zu wollen (Baumgardt, 1985, 10). G. Schottenloher (1983, 8) betont, daß bildnerische Prozesse grundsätzlich auf die Psyche des malenden Kindes einwirken. Dies geschieht unabhängig davon, ob ihre Inszenierung in einen therapeutischen Kontext eingebettet ist oder in einer Alltagssituation erfolgt, und ungeachtet dessen, ob die entstehende Figuration sprachlich kommentiert wird oder unbesprochen bleibt.

Im Mittelpunkt maltherapeutischer Zielsetzung steht die Befähigung des Kindes zur Auseinandersetzung mit sich selbst. Während des Malens ist es sowohl Sender der auf dem Papier gestaltgewinnenden Inhalte als auch Empfänger der auf die eigene Person rückwirkenden Botschaften. Das sich im Ausdrucksgeschehen artikulierende Unbewußte kommuniziert mit dem Bewußtsein, indem es dort Eindruck und Resonanz hervorbringt (Bachmann, 1985, 28). Im Akt der *Selbstverständigung* verringert sich die Kluft zwischen verfügbarer Erinnerung und unzugänglichen Erfahrungsabschnitten. Die sich vollziehende Annäherung der psychischen Ebenen ermöglicht es dem malenden Kind, traumatische Erlebnisse wieder aufzufinden und sich mit ihren Inhalten auseinanderzusetzen.

Ramin et al. (1987, 378f.) heben den ursächlichen Zusammenhang zwischen symptomatischen Verhaltensauffälligkeiten und einem gleichzeitigen Mangel an bildhaften Verständigungsformen hervor. Fehlt es an der Möglichkeit gestaltender Auseinandersetzung, »dann macht das Kind seinen eigenen Körper zur Plastik«, so daß in der therapeutischen Arbeit mit kreativen Medien versucht wird, »dem Kind die Sprache der Expression in den Medien wiederzugeben, um dem Unbewußten einen anderen Ausdruckskörper zu verleihen...« (ebd., 1987, 379). Den Moment, in dem die inneren Bilder auf dem Papier eine äußere Gestalt annehmen, beschreibt H. Bachmann (1985, 31) als kraftausgleichende Bewegung. Ein im Ungleichgewicht befindliches psychisches Kräfteverhältnis reguliert sich mittels der gemalten Szenen in einen ausbalancierteren Zustand. Dabei kontrolliert das Bewußtsein die an die Oberfläche drängenden Inhalte in einer Weise, die möglicher Überforderung durch überschießende Problemintensität entgegenwirkt.

Die Falldarstellungen in Teil 4 belegen nachdrücklich die *dosierende Funktion* des therapeutischen Malens. Dadurch ist es dem einzelnen Kind gut möglich, die Verarbeitung des sexuellen Traumas nach Maßgabe individueller Verfassung auf das notwendige Tempo zu verlangsamen. Hinsichtlich der erschreckenden Wahrnehmung von sexueller Eindeutigkeit, Bedrängnis, Angst und Ohnmacht mildert die zeitlich gestreckte Abfolge der Bildsequenzen den schmerzhaften Erkenntnisprozeß. Ausmaß und Intensität der zugelassenen und damit gleichzeitig auf dem Bildträger präsent bleibenden Erinnerungen sind somit am persönlichen Erträglichkeitsspielraum orientiert. Die Erfahrung zeigt, daß ein vorsichtig-betrachtendes Herantasten an die im Bild langsam Kontur gewinnende Wahrheit dem malenden Kind hilft, sich trotz herandrängender Angst und zunehmendem Verleugnungsdruck schrittweise der Realität zu stellen. Begünstigt wird die Wiederaufnahme des Themas innerhalb des maltherapeutischen Prozesses immer wieder dadurch, daß der Rückgriff auf bereits konkret sichtbar gewordene Szenen und Passagen *Orientierung und Richtung* vermittelt angesichts ambivalenter Gefühle und einer Desorientierung stiftenden Konfliktsituation. Das in den maltherapeutischen Dialog eingebundene Kind weiß um die festgehaltenen Bildinhalte der vorangegangenen Stunde und kann sich ihrer Präsenz zudem durch rückschauendes Betrachten jederzeit vergewissern. Jedes entstandene Bild schafft, auf den Gesamtprozeß bezogen, *Verbindung und Konstanz,* indem es einerseits den Endpunkt der vorangegangenen Sequenz markiert und andererseits die thematische Weiterentwicklung auf dem nachfolgenden Blatt anstößt. »Maltherapie bedeutet an dieser Stelle das ›Sichanbinden‹ an einen Prozeß, der den Rückgriff auf ›schon Dagewesenes‹ mit einem Schritt nach vorn verbindet« (Wolff, 1986, 30). Fortschritte bei der Verarbeitung und Integration der emotionalen Verletzungen zeigen sich in den Bilderserien als Veränderungsgeschehen, das sich dem Betrachter unmittelbar und aktiv mitteilt. Die Evidenz individueller Entwicklung äußert sich in Veränderungen des inhaltlichen Bild- und Darstellungsgefüges. Eine zunehmende Kompetenz im Umgang mit den für sexuelle Kindesmißhandlung charakteristischen Konfliktpunkten, wie der Überwindung von Angst, Verwirrung, Wut, Täteridentifikation und introjizierten Schuldgefühlen, zeigt sich phänomenologisch in der parallel verlaufenden Änderung der bildfigurativen Inhalte, Formen, Farben und Strukturen.

Die in der Maltherapie angebotenen Medien entfalten ihre heilende Wirkung nicht im Sinne technischer Instrumente aus sich selbst heraus. Als zentrale Verständigungshilfe stehen sie im Mittelpunkt methodischer Überlegungen, bleiben aber immer auf die *therapeutische Beziehung* bezogen, welche durch sie Intention und Entwicklung erfährt. D. Widlöcher (1974, zit. 1993, 202) hebt hervor, daß die Anfertigung von Zeichnungen in der Kindertherapie in Hinblick auf die Beziehungsgestaltung die wichtigste Tätigkeit während einer therapeutischen Sequenz sein kann. Darüberhinaus bestimmt sich der Wert solcher Zeichnungen dahingehend, daß sie als Träger der vom Kind auf den Therapeuten gerichteten Kommunikation von Gefühlen und Vorstellungen dient. Schließlich liefert die Betrachtung und Entzifferung der Bilder Aufschluß über das daraus abzuleitende weitere Vorgehen.

Das Bild als Ausdrucks- und Erkenntnishilfe

Gegenüber der Sprache erweist sich der sinnbildhafte Ausdruck besonders zu Beginn der Aufdeckungs- und Therapiearbeit häufig als überlegen. Ein wesentlicher Grund hierfür ist in den jeweils unterschiedlichen Bedingungen für das Zustandekommen der verschiedenartigen Ausdrucksformen zu sehen. Während sprachliche Kommunikation einem weitestgehend festgelegten grammatikalischen Regelwerk unterliegt, kommen Bildaussagen ohne ein in vergleichbarer Weise bindendes Bedingungsgefüge aus. Verglichen mit sprachlichen Äußerungen, läßt die bildhafte Mitteilung mehr Raum für vielfältige Aussageabsichten. Dies gilt insbesondere dann, wenn unlogische, widersprüchliche, bizarre oder mehrdeutige Botschaften kommuniziert werden sollen. Derartige Inhalte widersprechen oft der sprachlichen Logik und sind deshalb verbal nur schwer zu übermitteln (Kreitler, zit. n. Leitner, 1981, 35).

Es erscheint unmittelbar verständlich, daß die hochambivalente Konfliktsituation einer sexuellen Kindesmißhandlung durch eine nahestehende Vertrauensperson, insofern sie Haß und Zuneigung, Verzweiflung und Hoffnung sowie Realitätsverlust und Orientierungswünsche zum Widerspruch schlechthin bündelt, ein emotionales Klima schafft, welches der sprachlichen Benennung von Gefühlen Grenzen setzt.

47

Im Prozeß des Gestaltens geschieht das Be-Zeichnen von Gefühlen dadurch, daß sich das Kind *symbolischer Darstellungen* bedient (Gmelin, 1978, 84ff.). Entsprechend übersetzt innerhalb eines ausgewählten Darstellungskontextes die schwarz-violett eingefärbte Szenerie die aussichtslos-leidvolle Situation des Mißhandlungsopfers in eine sinnbildhafte Mitteilung. In gleicher Weise erkennt und versteht der Betrachter die empfundene Wehrlosigkeit und Ohnmacht, wenn sich der den Bildraum beherrschende Täter in überproportionierter und massig wirkender Gestalt über das im Verhältnis hilflos klein am Bildrand erscheinende Kind beugt.

Zum Symbol werden Darstellungen dieser Art dann, wenn ihr Inhalt sich nicht im Gegenstand seiner Form erschöpft, sondern als Bedeutungsträger über sich selbst hinausweist (Bachmann, 1985, 139). M. Schuster (1990, 126ff.) unterscheidet in der Kinderzeichnung zwischen symptomatischen und kommunikativen Metaphern. Diesem Konzept zufolge entsteht die symptomatische Gleich-Wie-Beziehung als Entsprechung unbewußter Prozesse, die das emotionale Befinden des Kindes bildhaft übersetzen. Darüberhinaus besitzen Kinder aber auch schon frühzeitig die Fähigkeit, sich ihrer Umwelt gegenüber mit Hilfe gewählter Bildaussagen gezielt und bewußt mitzuteilen. Kommunikative Metaphern sind im Verhältnis von Zeichenmerkmal und Bedeutungsintention häufig weniger eindeutig als die unbewußt verknüpften Motiv-Ausdrucks-Einheiten. Das Verständnis kommunikativer Metaphern erschließt sich dem Betrachter nicht auf Grund festgelegter Zuordnungsgruppen. Verstanden werden persönliche Bildmitteilungen vielmehr im Verlauf aktuellen Verstehens, welches sich aus dem personzentrierten Dialog mit dem malenden Kind ergibt.

H. Jonas (1973, 198ff.) betont den besonderen Rang des *Sehens als erkenntnisförderndem Wahrnehmungssinn* und benennt drei spezifische Qualitäten, die innerhalb des

Spektrums der Sinneswahrnehmungen die Überlegenheit der Bildleistung ausmachen. Demnach besteht ein erster Vorteil des Sehens in der einzigartigen Möglichkeit, viele Dinge als koexistierende Teilaspekte derselben Wirklichkeit schauen zu können. Die simultane Wahrnehmung von unterschiedlichen Bedeutungsfacetten, die sich zu einem Ganzen zusammenschließen, verhelfen zum vollständigen Erkenntniseindruck einer Sache. Nur die Simultanität des Bildes ermöglicht den Vergleich sichtbarer Realitätsaspekte innerhalb ihrer gegenseitigen Proportionalität und Verhältnismäßigkeit. Prozesse der Bildwahrnehmung sind ferner dadurch charakterisiert, daß der Schauende selbst entscheidet, inwiefern er sich vom gesehenen Objekt in Anspruch nehmen läßt. Sehen für sich genommen löst nicht zwingend eine Interaktion aus, weil Angesehenes nicht zwangsläufig zur Kontakt- und Beziehungsaufnahme drängt. »Während bei Berührung das Subjekt und das Objekt in dem gleichen Akt, in dem das Objekt eine Erscheinungspräsenz wird, sich einander etwas antun, läßt die visuelle Präsenz mich hinsichtlich aktuellen Umgangs immer noch völlig frei, da ich sehe, ohne zu tun und ohne daß das Objekt etwas täte« (Jonas, 1973, 211). Die Bildfunktion des Sehens schließt daher jede direkte Erfahrung von Kraft und Zudringlichkeit aus. Letzten Endes werden Simultanität und dynamische Neutralität (Nichtberührung durch das Objekt) erst durch die Distanz zum Objekt möglich. Der Vorteil des Sehens liegt im aufrechtgehaltenen Abstand zum Wahrnehmungsobjekt, welches nicht in den Bereich privater Körpersphäre oder physischer Nähe zur schauenden Person drängt. Aus der Position der Distanz lassen sich Details in aller Deutlichkeit erkennen. Gleichzeitig verschafft sich die sehende Person im Überschauen der einzelnen Darstellungsaspekte einen Gesamteindruck vom Wahrnehmungsgegenstand.

Für U. Eschenbach (1986, 12f.) sind die Augen das zentrale Wahrnehmungsorgan für Gegensätzliches und

Gegensatzvereinigung. Individuelle menschliche Entwicklung und weiterführende Bewußtseinsprozesse resultieren wesentlich aus visueller Wahrnehmungserkenntnis. Während der Betrachtung von Bildern und Symbolen fügt das Auge zusammen, vereinigt und ergänzt, nach innen gewandt erlaubt es Einblick in seelische Vorgänge und Befindlichkeiten.

Die besonderen Vorteile des Bildsehens werden im Laufe maltherapeutischer Entwicklung wirksam und begründen besonders anläßlich des Problemkreises der sexuellen Kindesmißhandlung einen wesentlichen Teil der beobachteten Fortschritte bei der Bewältigung und Integration von Übergriffserfahrungen. Das Betrachten der dokumentierten Szenen ermöglicht eine intensive Auseinandersetzung mit den objektiv in Augenschein genommenen Traumaaspekten. Einander widersprechende Gefühle, die im Rahmen einer Bildserie nacheinander symbolhaft dargestellt wurden, können anschließend als zusammengehörende Teilaspekte derselben biographischen Realität gesehen und verstanden werden. Als bleibende Zeugnisse einer persönlichen Erlebnisspanne stehen die Bilddokumente jederzeit der Nachbetrachtung zur Verfügung. Die im Bild gestaltgewordenen Erfahrungen begünstigen somit einen Erkenntnisprozeß, der Verleugnungs- und Verdrängungstendenzen entgegenwirkt, weil seine Resultate eine visuelle Überprüfung jederzeit zulassen. Derartige *Akte der Selbstvergewisserung* tragen zur Kontinuität der Bewertung bei und helfen dadurch, den Widerstreit gegensätzlicher Handlungsmotivationen zu überwinden. Im Gegensatz zur sexuellen Mißhandlung selbst, die Kinder in der Regel in Form extremer körperlicher Zudringlichkeit zu spüren bekommen, schafft die gemalte Reinszenierung im Wechsel der Wahrnehmungsebenen schützende Distanz zu den verletzten Empfindungsbereichen der Privat- und Körpersphäre. Lösen die angeschauten Bilder ein Übermaß an heftiger Angst und Bedrohung aus, so können sie für den Moment weggeschoben, umgedreht oder zusammengeknüllt werden.

Der Vorteil einer zeitunabhängigen Verfügbarkeit von bildgewordenen Äußerungen unterscheidet den maltherapeutischen Ansatz von ausschließlich spieltherapeutischen Methoden. Auch dort begleitet das Kind sein Tun mit den Augen und nimmt seine Projektionen auf sich selbst bezogen rückwirkend wieder auf. Wegen seiner flüchtigen Natur gerät der gespielte Ausdruck aber nicht zu einer den Augenblick überdauernden Orientierungshilfe. Der Erkenntnisgewinn spieltherapeutischen Geschehens beruht nämlich auf einer zeitlich schnellen Abfolge punktueller Momentaufnahmen, die erst in der Erinnerung zu einem Erlebensganzen zusammengefügt werden. Mitunter beeinträchtigt und verwirrt aber die Erinnerung an die traumatischen Übergriffe bereits aktualisierte und gespielte Situationsaspekte aufs Neue. Liegen dann jedoch bereits entstandene Bildzeugnisse vor, so bieten diese ihren Realitäts- und Wahrheitsgehalt dem verunsicherten Kind stetig zu Orientierung und erkennendem Verständnis an.

Interpretation und Verständnis

Die Zeichnungen sexuell mißhandelter Kinder entstehen wesentlich aus dem Bedürfnis nach einem *problemgerichteten Dialog* mit dem auf der nicht-sprachlichen Ebene angesprochenen Therapeuten. Ob die bedeutungsintensiven Bildmitteilungen dann auch wirklich zur beschriebenen Orientierung des Opfers beitragen, hängt in mitentscheidender Weise von den Reaktionen seiner Person ab. Werden die nonverbalen Botschaften intentionsgemäß verstanden, so läßt sich deren Aussagegehalt wiederum bestätigend an das Kind rückmelden. Fehlinterpretationen und Mißverständnisse erweisen sich besonders dann als folgenschwer, wenn die sexuelle Mißhandlung noch nicht als solche aufgedeckt wurde und das mit dem Therapeuten bildhaft kommunizierende Kind auf seine Intervention und Unterstützung dringend angewiesen ist. Wie bereits erwähnt, äußert sich eine Vielzahl der betroffenen Kinder anfangs aber nicht in klar-verständlichen Bildern eindeutigen Inhalts. Weil zumeist Angst, Scham und Geheimnisdruck vorherrschen, wird die Mißhandlungserfahrung als verschlüsseltes oder nur gerade eben angedeutetes Geschehen dargestellt. Schmerzvolle Details bleiben somit noch hinter Ungegenständlichkeit, Maskierung und Symbolik verborgen. Für den Aufdeckungsprozeß ist es daher wichtig, daß Therapeuten dazu in der Lage sind, die Problematik des Kindes bereits hinter realitätsverschleiernden Konfigurationen zu erahnen.

Solange die Aufdeckungsphase andauert, weil die vom Kind kommunizierten Mitteilungen mehrdeutig erscheinen, wird der Mißhandlungsverdacht wegen der Gefahr suggestiver Beeinflussung nicht als solcher benannt. Überlegungen, die aus den Bildinterpretationen hervorgehen, dienen dann zunächst als Arbeitshypothesen. Die diagnostische Einschätzung der Hintergrundproblematik wird offen gehalten bis zu demjenigen Zeitpunkt, an dem sich der Mißhandlungsverdacht auf Grund eindeutiger Aussagen zu Fakten und Umständen als begründet oder falsch erweist.

Die vorliegende Literatur zu maltherapeutischen Konzeptionen bildet ein breitgefächertes Spektrum unterschiedlicher Theorieansätze. Entsprechend vielfältig sind die Erklärungsmodelle für das Zustandekommen und die Interpretation bildkommunikativer Prozesse. Maltherapeutische Entwürfe korrespondieren mit anthroposophischen (Damm, 1984), analytischen (Bloch, 1982) und humanistischen (Oaklander, 1987) Menschenbildern und Anwendungskonzepten. Einige Autoren rechnen die maltherapeutischen Methoden dem umfangreicheren Katalog kunsttherapeutischer Hilfen zu (Landgarten, 1990, Bloch, 1982), während andere auf spezifisch maltherapeutische Zusammenhänge verweisen (Riedel, 1992, Bachmann, 1985, Wolff, 1986).

Die Interpretation der in diesem Band vorgestellten Kinderbilder ist an einem »klinisch-projektiven« (Richter, 1987, 196) Verständnisansatz orientiert. Eine klinische Relevanz der Kinderzeichnungen ergibt sich demnach aus der psychodynamischen Persönlichkeitstheorie. Dieser Auffassung zufolge werden im Prozeß des Zeichnens unbewußte Inhalte in direkter Weise auf bildnerische Repräsentationen übertragen. Anders als die eng analytisch ausgerichtete Interpretation, die jedem dargestellten Symbol eine unmißverständliche Bedeutung zurechnet, fügt der klinisch-psychodynamische Ansatz eine Vielzahl unterschiedlicher Beweisquellen zu individuellen Beurteilungskategorien zusammen. Die *Methode der »inneren Konsistenz«* (Richter, 1987, 197) relativiert, ergänzt und korrigiert isoliert vorliegende Bedeutungsaspekte. Eine einzelfallbezogene Evidenz ergibt sich daher erst aus der vergleichenden Analyse von Explorationsinterviews, projektiven Tests, spontanen Zeichnungen, freien Assoziationen, übersetzten Symbolen und Bilderserien. Der schlüssigen Interpretation von Kinderzeichnungen liegt somit ein System einander relativierender Beurteilungskriterien zugrunde (ebd., 1987, 196ff.).

Ob beispielsweise Genitalien in einer Kinderzeichnung ein mögliches sexuelles Trauma anzeigen oder nur von neugierigem Interesse an eigener oder fremder Sexualität berichten, ist ohne die Hinzunahme ergänzender Verständnishilfen nur schwer zu entscheiden. Die Beobachtung der *Mimik und Körpersprache* des malenden

Kindes hilft offene Bedeutungsfragen zu klären. Malt es die sexualisierte Darstellung in entspannter Verfassung und harmonisch erscheinenden Bewegungszügen oder wirkt es beim Malen der Szene angespannt, ängstlich und hastig? Verdeckt vielleicht sein vorgebeugter Oberkörper die zu Papier gebrachte Aussageabsicht sofort wieder, oder präsentiert es sein fertiges Werk stolz und souverän dem interessierten Betrachter?

Eine wesentliche Bedingung für die intentionsgerechte Interpretation von Kinderbildern stellt die Kenntnis phasentypischer Besonderheiten dar. J. DiLeo (1992, 14) weist darauf hin, daß viele Deutungsfehler aus einer mangelnden Vertrautheit mit alterstypischen Entwicklungsstufen, sowie den damit einhergehenden Darstellungsphänomenen resultieren. Der Autor verdeutlicht dies am Beispiel des sogenannten ›Kopffüßlers‹. Diese Art der Menschdarstellung zeigt üblicherweise eine überproportional große, die Figur beherrschende Kopfform, der Arme, Hände und Beine direkt ›erwachsen‹. Kinder im Alter zwischen drei und fünf Jahren heben damit intuitiv die besondere Wahrnehmungsbedeutung von Kopf und Gesicht hervor. Entstehen demgegenüber im späteren Alter Figurationen, die überdimensionale Kopfformen aufweisen, so müssen Auffälligkeiten in der geistigen oder emotionalen Entwicklung angenommen werden. Beim Kleinkind stellt der ›Kopffüßler‹ somit ein Phänomen im Rahmen dynamischen Geschehens dar. Beim Patienten hingegen verkörpern derartige Figuren einen statisch gewordenen Entwicklungsprozeß (ebd., 1992, 105ff.).

Bevor interpretative Kriterien Anwendung finden, gilt die Aufmerksamkeit des Maltherapeuten zunächst dem *erlebnishaften Erspüren* der dargestellten Äußerungsabsichten. Erste Verständnishypothesen ergeben sich oft bereits aus der unmittelbar empfundenen Bildwirkung. Die Auslegung bildsprachlicher Kommunikation geschieht daher zuerst im Rückgriff auf Kategorien des Erfassens und Begreifens. Das Verstehen- und Erklärenwollen stellt demgegenüber die nachgeordnete Vorgehensweise dar (vgl. Petzold, 1991, 599ff.).

Weiterhin unverzichtbar für das richtige Verständnis der Zeichnungen sind die *kommentierenden Äußerungen* der Kinder selbst. Die von R. Steinhage (1992) zusammengetragenen Beispiele belegen, wie bedeutungsvoll sexuell mißhandelte Kinder ihre spontan zu Hause oder im Kindergarten entstandenen Bilder mit gesprochenen Verständnishilfen unterlegen. Der anfänglich meist mehrdeutige Ausdruckswert der gemalten Szenen erfährt so durch das Kind selbst eine Erklärungsrichtung, die dem Erwachsenen den Kern seiner Mitteilung vor Augen führt.

Die Verpflichtung zur Verschwiegenheit poduziert aber auch bei den sprachlichen Bildkommentaren nicht selten mehrdeutige oder verkürzende Aussagen. Zu einer stimmigen Botschaft fügen sich Wort und Bild oft erst auf den zweiten Blick, wenn die vergleichende Hinzunahme früherer Zeichnungen Vermutungen bestätigt oder korrigiert.

Behutsam gestellte *Fragen* zu den Bildinhalten bringen das malende Kind zumeist nicht in Bedrängnis. Sie signalisieren das Interesse des Therapeuten an dessen Wohlergehen und verdeutlichen die Bereitschaft zu geduldigem Verstehenwollen und Abwartenkönnen. Demgegenüber ignoriert sehr direktes, forderndes oder drängendes Fragen die Angst sexuell mißhandelter Kinder und wird von diesen unter Umständen als erneuter verbaler Übergriff gewertet (Baumgardt, 1992, 156). In der Aufdeckungsarbeit müssen ferner suggestive Fragen und interpretierende Bemerkungen vermieden werden. Ebenfalls unzulässig bei der Suche nach der Wahrheit sind Fragen, die bereits den vermuteten sexuellen Inhalt vorwegnehmen und nur Raum für Ja/Nein-Antworten lassen.

Zur Interpretation der Bildaussagen in der primär therapeutischen Situation und zur Bildung von Hypothesen während der Aufdeckungsphase steht eine Vielzahl von *Beurteilungskategorien* zur Verfügung. An dieser Stelle nur knapp zusammengefaßt, wird eine Reihe von Einzelmerkmalen im fallbezogenen Kontext später näher erläutert. Die Anwendung der von G. M. Furth (1991) zusammengestellten Auflistung von Brennpunkten führt unter der Voraussetzung, daß die Analyse der einzelnen Beurteilungsaspekte einen stimmigen, widerspruchsfreien Gesamteindruck vermittelt, zu beweiskräftigen und evidenten Aussagen. Von Bedeutung sind u.a. die folgenden Kriterien:

- im Bildzusammenhang fehlende Dinge
- dem Bildmittelpunkt zugeordnete Dinge
- Größenverhältnisse der Figuren und Objekte
- verzerrte Formen
- Wiederholungen
- perspektivische Anordnung der Darstellungsinhalte
- Schattierungen
- Unterstreichungen
- Ausradierungen
- Schriftzüge im Bild
- abstrakte Darstellungen
- Einschlüsse und Einzäunungen
- Bewegungstendenzen
- das Verhältnis von ausgefüllten und leergelassenen Bildräumen
- Farbdeutung
- altersungemäße Darstellungen
(Furth, 1991, 74ff.)

I. Riedel (1985) ordnet in Anlehnung an das Symbolverständis C. G. Jungs den geometrischen Grund- und Urformen bestimmte Konstellationen psychischer Befindlichkeit zu. Dieser Auffassung zufolge spiegelt sich menschliches Wollen und Verneinen formsprachlich im Quadrat (Umgrenzt-Sein), Kreuz (Ausgespannt-Sein), Dreieck (Bezogen-Sein), Kreis (Umfangen-Sein) und in der Spirale (Über-Sich-Hinaus-Sein). Entsprechend korrespondieren die Symbolwerte der Farben mit Stimmungen und Urerfahrungen der Menschheit. Diese werden beim Betrachten von Bildern wachgerufen und bestimmen umgekehrt beim Malen die Auswahl der zur Aussageintention passenden Farben (Riedel, 1983). In ähnlicher Weise drücken sich in der Wahl der Bildformate, der Beschaffenheit der Linienführung, der Bevorzugung bestimmter Farbkontraste und der zu Gleichgewicht oder Ungleichgewicht tendierenden Gesamtkomposition eine analoge Lebensstimmung und seelische Verfassung aus (Riedel, 1988).

Eine richtige und in sich schlüssige Interpretation von Kinderzeichnungen stellt nicht nur im Fall der sexuellen Kindesmißhandlung eine schwierige Aufgabe dar. Grundsätzlich besteht die Gefahr, daß der Betrachter eigene Projektionen und Phantasien mit den Darstellungsabsichten des Kindes verwechselt oder diese ganz einfach mißversteht. Zudem lassen Bildzeichen und Symbole in vielen Fällen unterschiedliche Schlußfolgerungen zu. Nur selten drängt das einzelne Merkmal den Rezipienten zum eindeutigen Verständnis der Mitteilungsinhalte. Weil verbindlich festgelegte Regeln für die bildsprachliche Kommunikation fehlen, resultiert das zutreffende Verständnis einer Kinderzeichnung aus dem einzelfallbezogenen Verständigungsprozeß mit dem jeweiligen Kind. Vielfach kristallisiert sich im Verlauf der Stunden auf diese Weise aus dem anfänglichen Spektrum möglicher Bedeutungsvarianten eine unzweideutige Kernaussage heraus. Die Abfolge der Bilder erschließt dann in der vergleichenden Zusammenschau das zentrale Thema, welches das Kind gerade bewegend in Anspruch nimmt. Mehrdeutige Darstellungsmerkmale erfahren durch den Verbund der Szenen eine Verständnisrichtung, die auf das Ganze bezogen dort ergänzt, erläutert und kommentiert, wo Aussageabsichten dem Betrachter lückenhaft und erklärungsbedürftig erscheinen. Die aufgelisteten, zur Interpretation heranzuziehenden Bedeutungsaspekte sind insofern nicht als zwingende ›Wenn-Dann‹-Regeln zu verstehen. Im Rahmen der *personzentrierten Bildinterpretation* bleibt deshalb immer wieder neu die Frage zu klären, welche konkrete Art der persönlichen Belastung und Not sich hinter einem verkürzten, überzeichneten oder inhaltsleeren Darstellungsgefüge verbirgt.

Eine Reihe *empirischer Untersuchungen* belegen, daß die Aufdeckung von sexueller Kindesmißhandlung mittels vereinfachender Interpretationsregeln und unter dem Anspruch auf Allgemeingültigkeit nicht überzeugend gelingen kann. Die Ursache hierfür liegt darin begründet, daß sich subjektiv wahrgenommene Gefühle, Konfliktkonstellationen und Beziehungsstrukturen nicht objektivieren und quantifizieren lassen. Gleichwohl weisen die Ergebnisse langjähriger Studien zeichnerische und malerische Prozesse als diagnostisch und therapeutisch effiziente Hilfen aus. Ihren besonderen themenspezifischen Wert entfalten die zur nicht-sprachlichen Verständigung ausgewählten Medien demnach erst, wenn deren Resultate als kontextabhängige und in diesem Sinn persönliche Bildsprache verstanden und eingeordnet werden.

– Burgess et al. (1981, 50–59) berichten über ein seit 1972 laufendes Forschungsprojekt, in dessen Verlauf mehr als tausend sexuell mißhandelte Kinder untersucht und betreut wurden. Wann immer es möglich war, sollten die Opfer ihre streßintensiven und lebensbedrohlichen Erfahrungen in bildhafter Form zum Ausdruck bringen. Die Ergebnisse, die zu den vorgegebenen Themen ›Was ist dir passiert?‹ und ›Male ein Bild von zu Hause‹ entstanden, bestätigten die Annahme, daß Kinder häufig malen, worüber sie nicht sprechen können. Im Anschluß an die bereits bildhaft kommunizierten Inhalte taten sich viele von ihnen leichter, die Mißhandlungserfahrungen auch mündlich zu benennen. Die Darstellungen ließen ferner aktuelle Gedanken und Gefühle der Betroffenen augenfällig werden.

– A. Yates et al. (1985, 183–189) fanden in den Bildern von Kindern, die durch ihre Väter oder Stiefväter sexuell mißhandelt worden waren, widersprüchliche Ergebnisse in Hinblick auf sexualisierte Darstellungsmerkmale. Der Tendenz zu einer überzeichneten Ausprägung von Geschlechtsmerkmalen bei einem Teil der Probanden stand umgekehrt das Verhalten derjenigen gegenüber, die bei ähnlichem Erfahrungshintergrund eine Minimalisierung geschlechtsspezifischer Details an den gezeichneten Figuren vornahmen.

– Weil für alle Praktiker die Notwendigkeit besteht, das Geheimnis einer sexuellen Kindesmißhandlung bereits wahrzunehmen, bevor die Opfer in der Lage sind, ihre Erfahrungen offen mitzuteilen, wandten sich F.W. Cohen et al. (1985, 265–283) mit ihrer Untersuchung der Frage zu, ob in den Bildern von Kindern und Jugendlichen mit Übergriffserfahrungen spezifische Merkmale als Mißhandlungsindikatoren zu finden sind. Untersucht wurden jeweils drei Zeichnungen zu den vorgegebenen Themen ›Haus-Baum-Person‹-Test, ›Zeichne deine Familie‹ und ›Spontanzeichnung‹. Die angefertigten Resultate wurden dann beispielsweise auf die Merkmale ›fehlendes Haus‹ beim ›Haus-Baum-Person‹-Test und ›fehlendes Kind‹ in der Familienzeichnung hin analysiert. Es zeigte sich, daß eine

Reihe von Merkmalen (›versteckte Person‹, ›phallisch wirkender Baum‹, ›rotes Haus‹, ›Haus mit nur einem Fenster‹, ›Haus, bei dem sich ein Fenster darstellungsverändert von den übrigen abhebt‹) in den Bildern sexuell mißhandelter Kinder häufiger zu finden waren als in den Darstellungen der Kontrollgruppe. Wegen der nur geringfügigen Unterschiede reicht die statistisch meßbare Signifikanz aber nicht aus, um daraus einen systematisch begründbaren, klinischen Nutzen ableiten zu können.

– In ähnlicher Weise relativieren die Ergebnisse anderer Autoren den diagnostischen Wert von isoliert verwandten projektiven Testverfahren. R. Hibbard et al. (1990, 211–219) fanden im Rahmen ihrer vergleichenden Studie zu den ›emotionalen Faktoren‹ im ›Zeichne einen Mensch‹-Test keine signifikanten Unterschiede zwischen den Bildern von Kindern mit Verdacht auf sexuelle Mißhandlung und den Zeichnungen nicht mißhandelter Mädchen und Jungen. Bestimmte Einzelmerkmale (›zusammengepreßte Beine‹, ›große Hände‹, ›Genitalien‹) wurden in den Darstellungen der Verdachtsgruppe häufiger gesehen, ohne daß daraus eine eindeutig hinweisende Funktion abzuleiten wäre. N. M. Sidun et al. (1987, 25–33) berichten, daß sie ihre Ausgangshypothese ebenfalls nicht bestätigt fanden. Der Untersuchung ging die Annahme voraus, daß in den Bildrepräsentationen von Mißhandlungsopfern sexualisierte und undifferenzierte Figurationen häufiger zu finden seien als in den Zeichnungen der Kontrollgruppe. Entgegen dieser Vermutung wies die Verteilung der untersuchten Merkmale im Gruppenvergleich keine signifikanten Unterschiede auf.

– Auch R. Hibbard et al. (1987, 129–137) fanden keine generellen Gesetzmäßigkeiten in den Zeichnungen von Kindern mit Verdacht auf sexuelle Mißhandlung. Eine mit Genitalien versehene Menschzeichnung konnte nur bei 10 % der Verdachtsgruppe nachgewiesen werden, gegenüber 2 % in der Kontrollgruppe. Aussagekräftig ist aber in erster Linie die hohe Zahl derjenigen Darstellungen (90 %), in denen trotz hinreichender Verdachtsmomente keinerlei Genitalien abgebildet waren.

– Demgegenüber belegen die auf unmittelbare Evidenz gründenden Erfahrungen von T.W. Miller et al. (1987, 47–57) den diagnostisch-therapeutischen Nutzen solcher Darstellungslösungen, denen die Variationsbreite einer individuellen Sprache zugestanden wurde. Immer wieder verrieten die entstandenen Bilder den Therapeuten die Umstände der traumatischen Ereignisse und konfrontierten diese mit den Ohnmachts-, Angst- und Wutgefühlen der Klienten. Auch hier fand sich in vielen Fällen die Erfahrung bestätigt, daß sexuell mißhandelte Kinder, die zu malen begonnen haben, auch zunehmend detailliert zu sprechen beginnen. Überdies erwies sich die permanente Verfügbarkeit der Bilddokumente als günstig. Dadurch war das vergleichende Betrachten unterschiedlicher Therapiephasen und zielgerichtete Rückblenden auf aussagekräftige Details jederzeit möglich.

Sämtliche Untersuchungen unterstreichen die Relevanz einer *kontextbezogenen Interpretation* von Kinderzeichnungen. Das zutreffende Verständnis der vielfältigen Symbole und Bedeutungsaspekte resultiert demnach aus *vorsichtig-abwägender Deutungsarbeit,* die den persongebundenen Prozeßcharakter der Bildsprache in den Mittelpunkt des Übersetzungsvorgangs rückt. Einfache Zuordnungsregeln können solches hingegen nicht leisten.

Teil 3

Maltherapeutische Methoden
in der Mißhandlungstherapie

Spontanes Malen

Spontanzeichnungen sind für Aufdeckung und Therapie von besonderem Wert. Solche Figurationen entstehen, wenn Kinder sich eigeninitiativ von einer zu groß gewordenen Drucksituation malend zu befreien versuchen. Fordert hingegen der Therapeut zum Bearbeiten einer vorgegebenen Thematik auf, so geht der Handlungsimpuls von ihm selbst aus. Dies hat nicht selten zur Folge, daß das angesprochene Kind die Mitarbeit verweigert oder nur halbherzig aktiv wird, weil es seine Privatsphäre schützen will.

Die Zuhilfenahme von Bildern, die ohne thematische Vorgabe entstanden, liefert in Verdachtsituationen häufig aufschlußreiches Material, das in Hinblick auf die aufdeckungsrelevanten Beurteilungskriterien der Spontanität, Spezifität und Detaillierung analysiert werden kann. Die drei Fallbeispiele in Teil 4 zeichnen unabhängig voneinander eine ähnlich verlaufende Entwicklung nach. Zu einem vom Kind selbst bestimmten Zeitpunkt kommuniziert es plötzlich das Thema der sexuellen Mißhandlung. Es sprengt die auferlegte Geheimnisfessel und teilt im Rahmen der entstehenden Bilderserie die spezifisch sexuelle Natur der Geschehnisse mit. Nach und nach geben die Bildsequenzen Auskunft über die individuellen Umstände der Mißhandlung. Aufbrechende Vitalität und Emotionalität, die der Strom sich bahnbrechender Bilder freisetzt, lassen den vorher herrschenden Zwang erahnen, den das unbedingte Festhaltenmüssen am Geheimnis produzierte.

Ob ein sexuell mißhandeltes Kind dazu in der Lage ist, seine Erfahrungen spontan zu Papier zu bringen, hängt, abgesehen von seiner persönlichen Motivationslage, auch von äußeren, den maltherapeutischen Prozeß begünstigenden Faktoren ab. Hier ist die konkret methodenbezogene Einstellung des Therapeuten von Bedeutung. Ein Kind spürt sehr genau, welche Heilungschancen der Erwachsene einer bestimmten Vorgehensweise beimißt, und ob ihm Anwendung und Wirkung der angebotenen Medien über einen theoretischen Zugang hinaus vertraut sind. Zudem ist die Atmosphäre des Therapieraums mitentscheidend für die Aktivitäten, die in ihm stattfinden. An der Wand aufgehängte Kinderbilder oder Kunstdrucke als Zeugnisse kreativen Selbstausdrucks verdichten sich zusammen mit der griffbereiten Auswahl an Farben, Pinseln, Stiften und Papieren zur speziellen Aufforderungs- und Anmutungsqualität. Eine räumliche Umgebung dieser Art signalisiert dem sich umschauenden Kind auf selbstverständliche und unaufdringliche Weise, daß dort gemalt, gezeichnet und gestaltet wird. Treffen äußere Motivationshilfen mit einem starken inneren Ausdrucksbedürfnis zusammen, so bedarf es zur Einleitung eines weitgehend spontan verlaufenden maltherapeutischen Prozesses zumeist keiner zusätzlichen Animation.

Für den Beginn der Therapie hat sich ein breitgefächertes Medienangebot bewährt. Dem interessierten Kind wird es dadurch möglich, Malutensilien auszuwählen, deren materialgebundene Ausdruckswerte mit seiner augenblicksbezogenen Befindlichkeit übereinstimmen. Entsprechend gestattet die Verwendung pastöser oder fließender Farben, Distanz aufrechtzuerhalten zu ängstigenden Darstellungsinhalten, weil sich ihre Beschaffenheit in erster Linie zum Andeuten, Verhüllen und Verschleiern von ambivalenten Mitteilungen eignet. Wegen ihrer klaren Strichstruktur erleichtern Wachsmalkreiden und Stifte demgegenüber das punktgenaue Benennen eindeutiger Aussageabsichten.

Beispiel:

Susanne, 4 Jahre, sexuelle Mißhandlung durch den Vater, durchgängig ambulant verlaufende Aufdeckung und Therapie, Aufdeckung 15 Monate nach Beginn der Therapie.

Symptomatik: motorische Unruhe, Angstzustände, Einnässen.

Therapieausschnitt: nach neun Monaten Therapie äußerte Susanne erste Hinweise und Signale in Form spontaner Kommentare (»großer Mann«, »die Augen sollen zu sein, der schläft«, »sag, der soll das nicht«, »das muß aber, wenn der Bauch dick ist«) zu vorwiegend ungegenständlichen Zeichnungen. In Spielszenen wird »der Vater« wiederholt »ins Gefängnis gesperrt«. Auf die Frage, ob dieser wieder heraus dürfe, antwortet Susanne: »Nein, noch lange, lange nicht, weil er bös war«. Zu den phallusähnlichen Gebilden (»Bananen«), die zunehmend häufiger in den Bildern erscheinen, erläutert das Mädchen: »Ich soll das nicht malen, sagt die Mama, ich tu's aber einfach«.

Abb. 1 zeigt die Mißhandlung erstmals im vollständig situationsbezogenen Kontext. In den Mittelpunkt des Geschehens rückt Susanne »das Kind«, das von einer spinnennetzartigen Linienstruktur umgeben ist, die beim Betrachter Assoziationen der Ohnmacht und Ausweglosigkeit weckt. Susanne selbst nennt die Figuration »das Schneckenhaus« und bringt angesichts einer unveränderbar bedrohlichen Lebenssituation ihr Bedürfnis nach Rückzug zum Ausdruck. Auf die grünen Linien deutend bemerkt sie: »Da sind überall Haare, der Mann hat einen Pipimann«. Das Mädchen verstärkt seine Bildaussage, indem es unaufgefordert zu rotem Tonpapier greift, Genitalien darauf malt, diese ausschneidet und als plakatives Signal auf die vorher entstandene Zeichnung klebt. Der

Abb. 1

anschließend ergänzte, ebenfalls rot gezeichnete schlauchförmige Kanal verbindet männliche und weibliche Ge-
schlechtsorgane und läßt damit keinen Zweifel an der
Aussageintention des Kindes. Das Bild betrachtend äußert Susanne: »Der hat was Böses gemacht, der wird vergraben«. Sie fordert den Therapeuten auf: »Sag, der Papa
muß ins Gefängnis, sag, der Papa wird totgeschossen.«

Beispiel:

Katharina, 5 Jahre, sexuelle Mißhandlung durch den Vater, stationärer Aufenthalt mit Einzeltherapie, Aufdek-
kung erfolgte vorab im familiären Kontext.

Symptomatik: massive Aggressionen gegenüber der Kindesmutter und anderen Kindern, Angstzustände, Rückzugstendenzen, extrem teilnahmslose Gebärden bei
Schmerzäußerungen anderer Personen.

Therapieausschnitt: Katharinas Bilder zeigten über einen längeren Zeitraum hinweg nach innen zentrierte Kreis- und Spiralformen. Gelbe Sonnen wurden schwarz-violett zugeschmiert, vom Therapeuten gemalte Gesichter mit farbigen Handabdrücken zugeklatscht. Zu dieser Zeit mußte Katharina ihre angstmobilisierenden Erfahrungen fliehen. Sie war noch nicht in der Lage, die zum Selbstschutz konstruierte Distanz zwischen sich und der erlittenen Bedrohung abzubauen. Nur zögerlich entwickelten sich gegenständliche Strukturen. Schließlich malte Katharina »ein Mädchen mit langen Zöpfen, ohne Beine«. Aus Knete modellierte »Würste« und »Schlangen« wurden von ihr wütend gebissen und gegen die Wand geschleudert.

Katharina beginnt ihre Spontanzeichnung (Abb. 2) mit der überdimensionierten violettfarbenen Keilform. Die bildbeherrschende Figur erinnert an ein Damoklesschwert, das bedrohlich über der Szene schwebt. Schornstein et al. (1978) werten Objekte, die in den Zeichnungen mißhandelter Kinder über den Köpfen

Abb. 2

hängen oder schweben, als Zeichen für aggressionsintensive Erlebnisse. Zu der Person im unteren Bildbereich erklärt Katharina: »Die Mama schiebt einen Kinderwagen mit einem Baby drin.« Das Mädchen schneidet daraufhin ein Stück Kordel von der Rolle, klebt das eine Ende unterhalb der Schwertform auf das Papier und wirft das »Seil zum Hochklettern« darüber hinweg zum oberen Bildrand. Katharina thematisiert in diesem Bild, ähnlich wie Susanne im vorhergehenden Beispiel, ihr Ausgeliefertsein und bezieht dabei gleich ihre Mutter, die sie nicht schützen konnte, situativ mit ein.

In der Bildsprache scheint Katharina sagen zu wollen, daß ein Regredieren auf die schutzverheißende Entwicklungsstufe des Säuglings keinen wirklichen Ausweg darstellen kann. Stattdessen möchte sie Initiative entwickeln, das Seil ergreifen, sich aus der gefährlichen Situation aktiv befreien und dadurch Angst und Ohnmacht überwinden. Beim Betrachten des fertigen Bildes entstand der folgende Dialog:

Therapeut: »Ich glaube, deine Mama hatte auch große Angst vor dem Papa, sie wollte dir gern helfen, aber sie konnte dich nicht gut beschützen, weil sie selbst Angst hatte und nicht wußte, was sie tun sollte.« Katharina nickt und erwidert: »Der Papa hat mir weh getan.« Sie malt ein Schneckenhaus auf das noch vor ihr liegende Blatt. Therapeut: »Es wäre gut gewesen, wenn du so eins gehabt hättest, als der Papa dir so große Angst gemacht hat.« Katharina: »Aber kein kleines, da drückt der Papa mich rein, ein großes.« Katharina schaut sich im Raum um, deutet auf eine Papiermaske, die an der Wand hängt und sagt: »So eine will ich haben.« Therapeut: »Wie soll sie aussehen, lustig, stark oder böse?« Katharina: »Stark, mit langer Nase und gefährlichen Augen.«

Themenzentriertes Malen

Auch ein weitgehend spontan verlaufender maltherapeutischer Prozeß kann durch direkte thematische Vorgaben eine sinnvolle Ergänzung erfahren. Vom Therapeuten hinführend eingebrachte Akzente können beispielsweise während Phasen möglicher Stagnation für eine Belebung und Neuorientierung der Bildinhalte sorgen. Gemiedene Aspekte der Auseinandersetzung mit sich selbst, dem Täter oder der Mißhandlungssituation rücken somit wieder in den Blickpunkt des therapeutischen Geschehens. Aussagekräftige Ergebnisse haben hier häufig diejenigen Bilder geliefert, die zu vorgegebenen Aufgaben wie ›Mal dich und deinen Vater‹, ›Mal die Person, die dir am meisten Angst macht‹ oder ›Mal deine Familie, als der Papa noch zu Hause war‹ entstanden.

Noch bevor ein Kind dazu in der Lage ist, die sexuellen Übergriffe in vollem Umfang offenzulegen, gestattet die Verwendung projektiver Zeichentests einen orientierenden Blick auf familiäre Konflikte, Ambivalenzkonstellationen und Beziehungsstrukturen. Aufschlußreich ist häufig auch die unbewußte Stellungnahme zu Nähe- und Distanzverhältnissen innerhalb der Familie sowie die Zuordnung positiver wie negativer Eigenschaftsmerkmale. Die Auswertung der Ergebnisse erlaubt es dem Therapeuten, Hypothesen zu bilden, die im nachfolgenden Therapieverlauf prozeß-diagnostisch überprüft werden können.

Ein erneutes Aufgreifen von Themen, die bereits zu Beginn der Therapie einmal bearbeitet worden waren, gibt Auskunft über etwaige Veränderungs- und Bewältigungstendenzen. Tritt an die Stelle einer anfänglich hastigen, ängstlichen oder verschwommenen Ausdrucksgebärde ein ausdrücklicheres, entschiedeneres und prägnanteres Darstellungsgefüge, so läßt dies eine neue Qualität im Umgang mit dem sexuellen Trauma erkennen.

Zur themenzentrierten Ergänzung frei entstandener Bilder steht ein umfangreiches und bewährtes Spektrum projektiver Aufgabenvorschläge zur Verfügung. E. F. Hammer (1958) hat für den klinischen Anwendungsbereich eine Reihe solcher Testverfahren zusammengestellt. Dazu gehören u.a. der ›Haus-Baum-Person‹-Test, der ›Zeichne eine Person‹-Test und die ›Kinetische Familienzeichnung‹. Zu den bekanntesten Testverfahren dieser Art zählen ›Familie in Tieren‹ (Brem-Gräser, 1975) und der ›Zeichne einen Mensch‹-Test (Koppitz, 1972). In ›Familie in Tieren‹ soll das zeichnende Kind seine Familie als Tierfamilie darstellen. Die fertige Zeichnung wird einer inhaltlichen und formalen Analyse unterzogen. Dabei gilt es, die vom Kind gesehenen äquivalenten Bedeutungszusammenhänge zwischen den zugesprochenen Eigenschaften einer Tiergattung und den persönlichen Erfahrungswerten im Verhältnis zu Eltern und Geschwistern zu erfassen. Die vorgenommene Bewertung spiegelt sich aber auch in Darstellungsfolge, Ausdrucksbewegungen, Gruppierungstendenzen, Proportionen, Strichstrukturen und Flächenbehandlung.

Ein ähnliches Testverfahren, das jedoch weniger Ansprüche an einen vom Kind bereits differenziert beherrschten Formenkatalog stellt, ist die ›Sonnenfamilie‹ (Iten, 1980). Zudem macht sich dieses Verfahren, in dessen Verlauf die Familienmitglieder in Sonnengesichter verzaubert werden, ein klassisches und selbstverständliches Motiv zunutze, das in nahezu jeder Kinderzeichnung präsent ist und daher nur selten Abwehrtendenzen mobilisiert. In Übereinstimmung mit ›Familie in Tieren‹ soll auch hier Einblick in familiäre Kommunikationsstrukturen, verborgene Konflikte, Stimmungen und Präferenzbeziehungen gewonnen werden. Die beurteilende Interpretation der auf die gezeichneten Figurationen übertragenen psychischen Gegebenheiten resultiert aus der abwägenden Zusammenschau von Einzelmerkmalen.

Diese umfaßt graphologische Analysen, Darstellungsreihenfolge, Farbdeutung, Raumverteilung, Größenverhältnisse und Merkmalsdifferenzen in Hinblick auf die Ausgestaltung der Sonnengesichter.

Beispiel:

Simone, 8 Jahre, ambulante Aufdeckungsarbeit wegen Verdacht auf sexuelle Mißhandlung durch männliche Bezugsperson.

Symptomatik: heftige Angstträume, nächtliches Wachliegen.

Therapieausschnitt: Simone erzählt bereits nach einer kurzen Kontaktphase offen und ausführlich von ihren Angstträumen. Immer wieder berichtet sie von »einem Räuber«, schränkt aber sofort ein: »Der ist nur im Traum gekommen.« In Simones Bildern wechseln harmonische

Abb. 3

Szenen (»etwas, das ich früher immer im Kindergarten gemalt habe«) mit dunklen Bildern, die beispielsweise eine schwarze Gestalt (»Vampir«) mit lauerndem Blick zeigen. Nachdem Simone erneut von einem Traum berichtet, in dessen Verlauf ein maskierter Räuber erschien, der einen »Geldsack« und einen »Sack, in den er mich reinsteckt« bei sich trug, fordert der Therapeut Simone auf, diese Traumsequenz zu malen. Den Räuber realisiert das Mädchen daraufhin als massig wirkende, bildbeherrschende Gestalt mit vermummtem Gesicht. Diese fixiert mit stechendem Blick ihr Gegenüber (Abb. 3).

Simone kommentiert: »Alle schlafen und ich kann nicht schlafen und bin allein.« Therapeut: »Was ist das gefährlichste an dem Mann, was macht dir am meisten Angst?« Simone: »Das hab ich vergessen.« Nach kurzem Nachdenken ergänzt Simone ihr Bild, indem sie einen Gürtel mit Pistolenfutteral hinzufügt. Sie erläutert: »Die Pistole ist das gefährlichste.« Spontan schreibt Simone über diesen Teil des Blattes »Albtraum«. Die anschließend daneben entstandene Blume verkörpert demgegenüber einen »guten Traum«. Danach sucht Simone für den Rest der Stunde Abstand zur Konfliktthematik. Therapeut: »Stell dir bis zur nächsten Stunde doch einmal vor, daß du stärker und mächtiger wärst als der Räuber, und überleg dir, was du dann gerne einmal mit ihm tun würdest.«

Zu Beginn der darauffolgenden Stunde bemerkt Simone sofort: »Ich sollte doch malen, was ich mit dem Räuber machen will.« Sie unterteilt ihr Malpapier in gleich große Rechtecke und äußert die folgenden Phantasien, die sämtlich um den Wunsch nach Bestrafung, Vernichtung und Befreiung kreisen (Abb. 4): 1) »Bügeln«, 2) »in die Waschmaschine stecken«, 3) »zu den Haien ins Meer werfen, jetzt schreit der Hilfe«, 4) »die Zunge abschneiden«, 5) »die Hand verbrennen«, 6) »unter Wasser tauchen, bis der keine Luft mehr kriegt«.

Simone ergänzt: »Jetzt mal ich sein Ende« und fügt drei weitere Kästchen hinzu. Der Räuber soll durch »Aufhängen« und »Ertrinken« zu Tode kommen oder »von Löwen gefressen werden«.

Nach dieser Malsequenz wirkt das Mädchen erleichtert. Therapeut: »Träume, die man nachts träumt, haben oft mit Dingen zu tun, die man wirklich erlebt hat und die einen nicht loslassen. Ich glaube, den Räuber, der dir so große Angst macht, gibt es in Wirklichkeit und nicht nur in deinem Traum.« Simone zögert und sagt dann: »Ich weiß was über den Räuber, aber ich kann es nicht sagen.« Mit dieser Äußerung hat sie die ängstigende Traumfigur erstmalig in deutliche Nähe ihrer Lebensrealität gerückt und damit den Abstand zwischen tatsächlichen Erlebnissen und Traumwahrnehmungen verringert.

Malen mit dem Kind

In einer Reihe von therapeutischen Situationen hat sich das gemeinsame Malen mit dem Kind bewährt. Wird eine Inhaltssequenz beispielsweise über einen längeren Zeitraum immer wieder stereotyp im Bild reproduziert, so können wiederauftretende Verleugnungstendenzen die Ursache dafür sein. Angst- oder Schuldgefühle verhindern dann die Weiterentwicklung der szenischen Darstellung. In manchen Fällen läßt sich die innere Blockade dadurch auflösen, daß der Therapeut dem Kind vorschlägt, seinerseits einen Gedanken zu benennen, dessen bildsprachliche Übersetzung aber an den Erwachsenen, als seinen Stellvertreter, zu delegieren. Den Ausdrucksprozeß hemmende Gefühle werden nämlich weniger heftig erlebt, wenn eine unterstützende Person die gemiedene Szene mitverantwortlich in Bilder umsetzt. Ein solches Vorgehen er-

Abb. 4

möglicht Eigenbeteiligung und beginnende Identifikation durch aktives Benennen von Inhalten und erhält gleichzeitig schützende Distanz dadurch aufrecht, daß die konkret figürliche Realisation durch den Therapeuten erfolgt.

Diktate oder Brieftexte, vom Kind erdacht und vom Therapeuten unter das entstandene Bild geschrieben, eröffnen die Möglichkeit, Bildinhalte weiterführend aufzugreifen. Eine solche Anregung hilft beim Ergründen von Gefühlen, Handlungsimpulsen und Phantasien, die ursächlich mit dem jeweiligen Darstellungsinhalt in Verbindung stehen.

Die Umsetzung von gesprochenen oder gespielten Erfahrungspassagen in Bildrepräsentationen verleiht den mitgeteilten Aussagen eine den Moment überdauernde Präsenz. Hinsichtlich der beschriebenen Vorzüge der Bildwahrnehmung und -wirkung können die Ergebnisse eines derartigen Übersetzungsvorgangs auch für solche Kinder nutzbar gemacht werden, denen noch kein differenziert entwickeltes Formenrepertoire zur Verfügung steht. Dies gilt zum einen für Kinder, deren Darstellungsvermögen auf Grund ihres Alters nicht zur Gestaltung eindeutiger Bildmitteilungen ausreicht. In ähnlicher Weise können entwicklungsverzögerte und behinderte Kinder vom Bilddialog mit dem Therapeuten profitieren, wenn es ihnen selbst an gegenständlicher Ausdruckskompetenz mangelt.

Grundsätzlich sollte das stellvertretende Malen natürlich auf Ausnahmesituationen beschränkt bleiben. Kinder, die selbsttätig in der Lage sind, das zurückliegende Trauma in bildhafter Form zu reinszenieren, benötigen diese Hilfen nicht. Stellvertreterdarstellungen verkürzen zwangsläufig die Bedeutungsintention der gesprochenen Mitteilung. Während die persönliche Bildsprache authentische, wenn auch häufig verschlüsselte Spiegelbilder der eigenen Innenwelt liefert, erlaubt die Ersatzfunktion nur eine Annäherung an diese.

Beispiel:

Peter, 8 Jahre, ambulante Aufdeckungsarbeit und Therapie nach anhaltender sexueller Mißhandlung durch männlichen Nachbarn in Abwesenheit der Eltern.

Symptomatik: sexuell gefärbte Aggressionen und Gewaltäußerungen gegenüber anderen Kindern, Selbstzerstörungsphantasien, absolutes Zurückgezogensein mit Apathie, Sprachlosigkeit und Ausdrucksarmut.

Therapieausschnitt: Während der ersten fünf Stunden spricht Peter kein Wort, er hantiert teilnahmslos mit unterschiedlichen Spielmedien, kritzelt auf Papier herum und vermeidet jeden Blickkontakt. Schließlich beginnt er mit der Inszenierung kurzer Rollenspiele. Ein »Einbrecher klaut das Kind, will dem Kind Angst machen«. Peter selbst

»möchte lieber ein Mädchen sein«. Schweigend malt der Junge jede Stunde stereotyp erscheinende Bilder. Mit übergroßer Kraftanstrengung preßt Peter immer wieder die gleichen Keilformen auf das Blatt, um sie anschließend in endlosen Kreisbewegungen einzuschließen. Der auf Papier und Wachsmalstifte ausgeübte Druck läßt die Materialien wiederholt zerreißen, splittern und zerbrechen.

Als sich die Darstellungen auch nach vielen Wochen in der gleichen Konfiguration erschöpfen und die bekannten Keilformen stetig und veränderungslos in jedem Bild aufs Neue sichtbar werden, fragt der Therapeut, ob es vielleicht etwas gebe, was er stellvertretend hinzufügen solle. Peter antwortet sofort entschlossen: »Du sollst zwei Cowboys malen mit Schwert und Pistole« – er deutet rechts und links neben die Keilformen – »und einen Wolf, der in die Wurst beißt«. Anschließend möchte der Junge einen der Cowboys mit nach Hause nehmen, überträgt die Figur auf dünne Pappe, schneidet sie aus und sagt: »Die häng' ich zu Hause über mein Bett.«

Das Kind überwindet im Bild seine Wehrlosigkeit, indem es starke Helfer herbeiruft, die der Bedrohung mit Macht und Überlegenheit begegnen. Die in der therapeutischen Situation entwickelte ›Als-Ob‹-Lösung möchte Peter daraufhin auf die häusliche Situation übertragen.

Abb. 5 zeigt das in der nachfolgenden Stunde entstandene Bild. Vertikal angeordnete Keilformen werden in horizontaler Strichführung übermalt. Peter erklärt, daß seine Darstellung »Feuer« und einen »Waldbrand« zeige. Der Therapeut soll einen »Räuber« hinzufügen, der »ins Gefängnis gesperrt wird«.

Beispiel:

Lisa, 3 Jahre, sexuelle Mißhandlung während der Tagespflege, medizinisch eindeutiger Befund, Eltern/Kind-

Woche und anschließende ambulante Therapie nach vorab erfolgter Aufdeckung durch das Kind gegenüber seiner Mutter.

Symptomatik: starke Verunsicherung, Ängstlichkeit, Klammerverhalten im Kontakt zur Mutter, im Wechsel Rückzugstendenzen und Distanzlosigkeit.

Therapieausschnitt: Lisa nutzt das therapeutische Angebot schnell zu intensiv-projektiven Spielen. Figuren werden im Laufe der Handlungsfolgen »in der Sandkiste vergraben« und »in Dosen eingesperrt«. Lisa spricht die Bedeutungsträger an und sagt: »Ihr alten Lieben bleibt da jetzt drin.« Sie fordert: »Die beiden Bösen sollen eingesperrt werden.« Viele Stunden thematisiert das Mädchen ausschließlich Zorn und Wut, die den verratenen Vertrauensbeziehungen gilt. Die von Lisa gemalten Bilder erschöpfen sich auf Grund ihres Lebensalters noch im ungegenständlichen Ausdruck.

Lisa bedeckt einen Großteil des Papierbogens mit roten Spiralen, Punkten und Schraffuren (Abb. 6). Das Ergebnis nennt sie »die zwei Krokodile«. Der Therapeut pointiert die getroffene Aussage, indem er einen Krokodilkopf zeichnerisch hervorhebt. Therapeut: »Was tun die Krokodile?« Lisa holt eine kleine Spielfigur, deutet darauf und erklärt: »Das Krokodil frißt die auf, die ist jetzt im Bauch.« Darauf schlägt der Therapeut vor, das Kind in den Bauch hinein zu malen. Dann führt er die Mutterfigur in das Geschehen ein. Lisa: »Die kommt und holt das Kind raus.« Nun schlägt Lisa spontan vor, daß sich Mutter und Tochter zu Hause zusammen ins Bett legen können, »aber nicht da, wo die Krokodile sind«.

Die geschilderte Ereignisfolge wird vom Therapeuten in eine kleine Bildgeschichte übersetzt. Im Zentrum der Darstellungsepisode steht die Rettung Lisas durch die Kindesmutter. Über mehrere Wochen hinweg hatte diese

Abb. 5

Abb. 6

die Signale ihrer Tochter fehlinterpretiert, ehe sie verstand, Anzeige erstattete und Lisa versprach, daß sie nie wieder zu den Pflegeeltern gehen müsse. In den nachfolgenden Therapiestunden bat Lisa auch den Therapeuten regelmäßig um die Bestätigung dieser Zusage, die erst mit der Zeit zur verläßlichen Gewißheit werden konnte. Dazu nahm das Mädchen immer wieder die kleine Bildgeschichte zur Hand, betrachtete sie aufmerksam, kommentierte die Szene und stellte Fragen zu ihrem Inhalt. Lisa suchte zu dieser Zeit in der unveränderten Realität des im Bild entworfenen ›guten Endes‹ Sicherheit und Zuversicht, während ihr seelisches Befinden noch von Ungewißheit und Zweifel hinsichtlich einer endgültigen Überwindung der Gefahr beeinträchtigt war.

Malen, Spielen und Sprechen

Auch in primär maltherapeutisch orientierten Therapiesequenzen lassen sich spieltherapeutische Methoden und Medien situationsgerecht eingliedern. Wie aufgezeigt, erleichtert der maltherapeutische Zugang sexuell mißhandelten Kindern in vielfältiger Weise die Auseinandersetzung mit den traumatischen Übergriffserfahrungen. Unter Umständen fürchtet ein Kind aber gerade den dokumentierenden Charakter der Bildszenen. Es hat dann Angst davor, ›schwarz-auf-weiße‹ Fakten zu schaffen, die später zu einem nicht mehr kontrollierbaren Prozeß geraten könnten, an dessen Ende drastische Konsequenzen für es selbst und die Familie zu befürchten wären. Um derartigen Motivstrukturen gerecht zu werden, ist es notwendig, neben Stiften, Pinseln und Farben auch projektive Spielmedien zur Verfügung zu halten.

Ob ein Kind in der therapeutischen Situation gerne malt oder sich vorzugsweise im Spiel artikuliert, hängt darüberhinaus aber auch von den Vorerfahrungen im Umgang mit den unterschiedlichen Medien ab. Es macht einen großen Unterschied, ob kreativitätsfördernde Materialien vorab im Alltag erprobt werden konnten oder weitestgehend unbekannt blieben, und ob die Resultate kindlichen Schaffens Beachtung fanden oder innerhalb der sozialen Umgebung auf Gleichgültigkeit stießen.

Abgesehen von individualitätsabhängigen Vorlieben und Abneigungen beinhaltet das therapeutische Spiel einen Grundsatz charakteristischer Möglichkeiten und Vorzüge, der sich in maltherapeutische Prozesse sinnvoll integrieren läßt. Dies gilt besonders für den dynamisch-handlungsorientierten Aspekt spieltherapeutischer Inszenierung. Als günstig erwies sich ein Überblenden von der mal- auf die spieltherapeutische Ebene insbesondere dann, wenn die Bearbeitung aggressiv-bestrafender Handlungsimpulse den Verlauf der Therapiestunden beherrschte. Im Übertragungsgeschehen wurde dann häufig die aktive Auseinandersetzung mit der Person des Therapeuten gesucht. Die vitalen, manchmal abrupt überschießenden Projektionen lassen sich gut auf Puppen und Figuren umleiten. Manche Kinder greifen an diesem wichtigen Punkt der Mißhandlungstherapie auch von sich aus lieber zu den Spielmedien. Sie spüren, daß sich Krokodil, Teufel, Hexe und Räuber an dieser Stelle zumeist besser zur agierenden Bearbeitung von Wut und Zorn eignen als Papier, Stifte und Farben, die wiederum ihre Vorzüge bei der Annäherung an das Geheimnis entfalten.

Die praxisbezogene Literatur benennt dann auch eine Vielzahl von Erfahrungen, denen zufolge sich eine methodenintegrative Kombination der Ausdrucksebenen Malen, Spielen und Sprechen als günstig erwiesen hat. Bewährt hat sich ein solcher Ansatz innerhalb der verschiedenartigen Settings von Aufdeckung, Krisenintervention und Therapie (vgl. Burgess et al., 1981, 57, Miller et al., 1987, 49, Powell et al., 1990, 35ff.).

Einige Kinder sind trotz Geheimnisdruck nach verhältnismäßig kurzer Zeit dazu in der Lage, über die erlittenen sexuellen Übergriffe zu sprechen. Dies bedeutet aber nicht, daß sie die ausgesprochenen Sachverhalte deshalb auch bereits verarbeitet und überwunden haben.

Beispiel:

Mona, 6 Jahre, sexuelle Mißhandlung durch den Stiefvater, Mutter/Kind-Woche nach vorab erfolgter Aufdeckung durch den Täter selbst, anschließend stationäre Aufnahme mit Einzeltherapie.

Symptomatik: heftige Wut auf die Mutter, Distanzlosigkeit gegenüber Männern, aufgesetzt weibliche Verhaltensweisen.

Therapieausschnitt: Mona will zu Beginn der Mutter/Kind-Woche sofort ihre sexuellen Erlebnisse schildern. Therapeut: »Mona, deine Mutter hat mir erzählt, daß du sie gefragt hast, wann du uns endlich von deinem Papa erzählen darfst?« Mona nickt und platzt sofort heraus: »Weißt du, was der gemacht hat?« Sie wartet die Antwort nicht ab, sondern fährt schnell fort: »Der ist mit mir in den Urlaub gefahren, abends hat er mir die Unterhose runtergezogen und mir sein Pipimännchen gezeigt. Ich sollte den in den Mund nehmen und daran lecken und lutschen. Einmal sollte ich da Zahnpasta drauf schmieren und die ablecken. Solche Schweinereien hat der mit mir gemacht. Ich bin so sauer auf den. Ich mußte das machen, weil der im Dunkeln mit den Händen so (Mona umgreift mit den Händen ihren Hals) an meinen Hals gedrückt hat. Ich ruf den an und sag, daß ich ihn totschieße.« Der Monolog, den das Mädchen kurzatmig und ohne Pause äußert, wirkt wie ein schnelles Wegwerfenwollen der sexuellen Nötigungserlebnisse. Vom Tonfall her erscheinen Entrüstung und Zorn eher unecht und aufgesetzt. Wie wenig in diesem Fall die Möglichkeit der verbalen Benennung traumatischer Erfahrungen mit einer wirklich in Gang gekommenen Verarbeitung der dahinterstehenden Gefühle übereinstimmt, belegen die ständigen Versuche des Mädchens, seine seelischen Verletzungen, auch Fremden gegenüber, in hastig angebundener Weise loszuwerden. Sprachlicher Ausdruck steht hier nicht für die Überwindung von Geheimnissymptomatik und Spaltungstendenzen. Die Art, wie Mona Wortsprache benutzt, verrät demgegenüber die anhaltende Überforderung, der sie sich ausgesetzt fühlt und die sich in einer wiederkehrend raschen Entladung hingeworfener Mitteilungen artikuliert. Spontane Kommentare, wie »ich bin so durcheinander, oh Gott, ich kann bald nichts mehr reden« verdeutlichen, daß auch Mona selbst ihr krisengeschütteltes Sprechen als wenig entlastend und heilsam erlebt.

Die anschließende Maltherapie zielte deswegen nicht, wie sonst oft üblich, auf die Befähigung zur sprachlichen Benennung der zurückliegenden Geschehnisse. Im Vordergrund des therapeutischen Handelns stand somit zunächst die intensive nichtsprachliche Auseinandersetzung mit Gefühlen der Desorientierung, Verwirrung und Vaterbindung. Die nachfolgend entstandenen Bilder spiegeln einen extremen Ambivalenzkonflikt, der mit sprachlichen Mitteln allein nur schwer auf einen Nenner zu bringen wäre. Im Kontext der Bilddarstellung erscheinen die gegensätzlichen Beziehungsanteile im Verhältnis zum Stiefvater nun als widerspruchsvolle, aber sichtbar wahrzunehmende Bestandteile derselben Daseinsrealität. Erst jetzt bringen auch die Bildkommentare auf der wortsprachlichen Ebene das durchgängige Hinundhergerissensein zwischen Zuneigung und Identifikation sowie Haß und Bestrafungswünschen zum Ausdruck.

Abb. 7

Abb. 8

Der Stiefvater, der gerade noch hilft und rettet (»der Vater bringt das verletzte Kind ins Krankenhaus«), soll bereits einen Augenblick später vernichtet werden (»der soll mit Gift im Essen getötet werden«). Das vorgegebene Thema ›Mal dich und deine Familie, als der Papa noch zu Hause war‹ (Abb. 7) bearbeitet Mona in einer Weise, die ihre innere Spaltung augenfällig werden läßt. Spontan bezeichnet Mona die erste Figur, die auf dem Blatt erscheint, als »Papa« und zeigt damit, wie wichtig dieser für sie immer noch ist. Anschließend malt sie sich selbst neben den Vater. Daß sie ihn im Bild um Kopfeslänge überragt, verdeutlicht ihren Wunsch, die anhaltende Unterlegenheit im Rollenwechsel endlich zugunsten einer überlegenen Größe, Stärke und Macht verändern zu können. Mona erkennt aber sofort die Irrationalität ihrer Vorstellung und deutet die Reihenfolge der Personen so um, daß die vorherige Vaterfigur zur Schwester wird. Als drittes Familienmitglied zeichnet das Mädchen seine Mutter an den rechten Bildrand. Der zum zweiten Mal auf der Bildfläche erscheinende Vater nimmt innerhalb der Darstellungsfolge nun die letzte Position ein. Allen anderen an Größe überragend, befindet sich seine Person aber auch innerhalb der korrigierten Reihenfolge unverändert in unmittelbarer Nähe Monas. Der räumliche Abstand zwischen diesen beiden ist weitaus geringer als die Distanz zwischen Mutter und Tochter. Das freie Drittel des Bildraums links neben dem Vater nutzt das Mädchen für die Darstellung seines Zuhauses. Ihm am nächsten steht somit wiederum der Stiefvater. Bevor Mona die Stifte beiseite legt, nimmt sie noch eine positive Akzentuierung an der bis dahin abseits stehenden Mutterfigur vor und sagt: »Ich mal da noch eine Blume für die Mama hin.« Die von Mona vorgenommene Bewertung des Stiefvaters pendelt damit zwischen den Kategorien ›Erster‹ und ›Letzter‹, sowie ›Schwächster‹ und ›Stärkster‹ hin und her.

Die fünf Wochen später entstandene Abb. 8 zeigt Fortschritte in der Auseinandersetzung mit dem hochambivalenten Auftreten des Täters. Dem – das Familienbild beherrschenden – schnellen und unreflektierten Wechsel zwiespältiger Erinnerungen geht Mona in der vorgegebenen Aufgabe ›Mal dich und deinen Vater‹ näher auf den Grund. Sie ist nun in der Lage, positive wie negative Eigenschaftsmerkmale in ihrem konträren Verhältnis zu benennen und einander gegenüber zu stellen. In guter Erinnerung behielt Mona, »daß er toll spielt – daß er mit mir im Sommer Pilze sammelt – daß er mich tröstet, wenn ich weine – daß er mit mir Erdbeeren sammelt – daß er mir, wenn ich Durst habe, etwas zu trinken ans Bett bringt – daß wir zusammen Drachen steigen lassen«. Anschließend zählt Mona die dazu in drastischer Polarität stehenden Negativattribute auf und beklagt, »daß er mit mir das Allerschlimmste gemacht hat, das ich gehaßt hatte – daß er mich immer schlagen tut – daß er mich manchmal haßt, wenn ich ein Geheimnis mit Mama habe«. Beim nachfolgenden Gespräch darüber, daß beide Eigenschaftsbereiche echt und wirklich sind, aber auf Grund ihrer Gegensätzlichkeit auf ein und dieselbe Person bezogen unvereinbar erscheinen, bemerkt das Mädchen: »Das ist so unterschiedlich, so unterschiedlich.«

Einerseits sieht Mona ihren Stiefvater nun in einer bewußteren Weise differenziert, andererseits identifiziert sie sich aber immer noch stark mit seiner Person. Die in puncto Größe, Gestik und Habitus auf sehr ähnliche Weise ausgeführten Figuren legen diese Einschätzung nahe. Bezeichnend sind die im Verhältnis zum Täter äußerst sparsam und bruchstückhaft wirkenden Äußerungen zum Selbstbild. Sie beschränken sich zudem ausschließlich auf Äußerlichkeiten. An sich selbst gefallen Mona demnach »Haare, Beine, Pullover und Schuhe«.

TEIL 4

Therapeutische Verlaufsprozesse

Lena

Lena wurde im Alter von knapp fünf Jahren wegen Auffälligkeiten in der Entwicklung von Sprache und Motorik zur Therapie angemeldet. Die Eltern berichteten ferner von anhaltenden Kontaktschwierigkeiten im Umgang mit Gleichaltrigen und einer häufig beobachteten diffusen Ängstlichkeit. Während der ersten Therapiestunden verhielt sich Lena zögerlich und zurückhaltend. Das schwache Selbstbewußtsein des Kindes äußerte sich in einer Vielzahl von Ausweichmanövern und stereotypen Fragen, durch die es den therapeutischen Prozeß von schwierigen Themenbereichen fernzuhalten versuchte. Da die sexuelle Mißhandlung erst im Verlauf des maltherapeutischen Prozesses aufgedeckt wurde, orientierte sich das therapeutische Geschehen anfangs in erster Linie an förderzentrierten Konzepten.

Das von Unsicherheit und Zurückhaltung geprägte Befinden des Mädchens spiegelte sich auch in Inhalt und Beschaffenheit der regelmäßig zu Therapiebeginn gemalten Bilder. Durchgängig begann Lena die Darstellungsfolge damit, daß sie den Rand des Blattes durch einen kräftig gezogenen Rahmen hervorhob. Es schien, als schaffe sie sich damit eine Art Schutzraum, welcher die nachfolgende Darstellung in der Art einer Klammer umschließen sollte. Am rechten unteren Bildrand des Rahmens entstanden daraufhin zumeist kleine »Häuser«. Manchmal vermied Lena auch jeden Ansatz zur Gegenständlichkeit. In solchen Momenten füllte sie die von der Rahmenstruktur umgebene Fläche mit Rechteckformen, die ineinander verschachtelt wurden. Lena wirkte beim Malen meistens selbstversunken und abwesend. Spontane Kommentare zu ihren Darstellungen äußerte sie nur selten.

Nach einem dreiviertel Jahr Therapie läßt Lena ein tendenziell selbstbewußteres Auftreten erkennen. Im Bild-

Abb. 9

gefüge schlägt sich diese Entwicklung in einer Reihe von Veränderungen nieder. An die Stelle von Rahmen- und Kastenstrukturen ist nun ein differenziertes Darstellungsrepertoire getreten (s. Abb. 9).

Lena ordnet hier das Geschehen alterstypisch am unteren Bildrand, der sogenannten ›Grundlinie‹ an (vgl. Richter, 1987, 81). Die links im Bild erscheinende Menschfigur zeigt in sorgfältiger Ausführung eine altersgerechte Akzentuierung von Wahrnehmungsdetails (Gliederung des Körpers; Kopf mit Augen, Nase, Mund, Ohren und Haaren; Hände in Handflächen und Finger unterteilt). Lena nutzt für ihre Konfiguration das gesamte Farbspektrum und bemüht sich um ein genaues Ausmalen der zuvor mit Hilfe von Umrißlinien skizzierten Formen. Allerdings deutet bereits einiges im vorliegenden Bild darauf hin, daß Lena sich in einer bislang verborgen gebliebenen Weise bedroht fühlt. Die Sonne, in der aufsteigenden Bewegung ein Symbol der Zuversicht, Freundlichkeit und Kontinuität (vgl. Iten, 1980, 13),

Abb. 10

Abb. 11

verzieht ihr Gesicht zur Fratze und fletscht aggressiv die Zähne. Direkt unter ihr befindet sich eine Person, die in hilfloser, körpersprachlicher Gebärde wie vor Schreck erstarrt wirkt. Die ›Haare stehen ihr zu Berge‹, während sie die Hände abwehrend erhoben hat. Aufmerken läßt auch die Form der Häuser. Schmal und turmartig ragen sie mal spitz, mal rund in die Höhe.

Drei Monate später verändert sich plötzlich das gewohnt gewordene Erscheinungsbild des Kindes. Spielszenen, die vorher einen tendenziell ruhigen und beiläufigen Verlauf nahmen, geraten nun plötzlich in heftige Bewegung. Lena identifiziert sich jetzt mit Figuren, die Stärke und Überlegenheit symbolisieren und attackiert damit wiederholt Handpuppen männlichen Geschlechts. In zornigen Gebärden läßt das Mädchen seiner Wut freien Lauf und schimpft: »Du Blöder, du Doofer!«

Gleichzeitig ändert sich das Darstellungs- und Ausdrucksgefüge der Bilder, die Lena zu Anfang jeder Stunde unaufgefordert zu Papier bringt. Die aktuelle Bilddarstellung zeigt im Mittelpunkt ein schwarz-blau-gelbes Objekt (Abb. 10). Links daneben fügt das Mädchen ein langgestrecktes, vertikal nach oben ragendes Formgebilde hinzu. An Hand bunter Linien hebt Lena die Spitze der Figur hervor und bezeichnet sie spontan als »Leuchtturm«. Die Konfiguration wird daraufhin in schwarzer, schneller Linienführung umschlossen. Zum Schluß erhält die Abbildung den Titel »Nacht«.

In der darauf folgenden Stunde malt Lena zwei weitere Bilder, mit deren Hilfe sie die vorherige Thematik erneut aufgreift. Beide Darstellungen zeigen eine exakt identische Komposition. Der Unterschied zwischen dem zuerst entstandenen Entwurf (ohne Abb.) und der im Anschluß daran entstandenen Abb. 11 ist beim zweiten Versuch in dem Bemühen um klarere Formen zu erkennen. Wieder beginnt Lena ihre non-verbale Mitteilung in der Mitte des Bildraumes. Dort verdichten sich in Blau und Braun zwei Formen zu einer Aussage, deren Bedeutung sich dem Betrachter wegen mangelnder Deutlichkeit noch nicht erschließt. Auf der assoziativen Ebene vermittelt das von Rundungen bestimmte Formgefüge den Eindruck von Nähe und Körperlichkeit. Lena selbst schweigt zu ihrer Darstellung, Fragen zur Bedeutungsintention möchte sie nicht beantworten. Während die in der Bildmitte gebündelten Inhaltsaspekte also mehrdeutig und erklärungsbedürftig bleiben, schlägt das Mädchen mit dem unten links hinzugefügten »Haus« eine Brücke zur Realität. Auf Grund seiner gegenständlichen Ausführung ist es als solches gut zu erkennen. In demselben dunklen Farbton, den Lena zum Malen des Hauses benutzt, schwärzt sie daraufhin die noch verbleibenden Freiflächen. Abschließend erläutert sie: »Da ist Nacht.«

In der folgenden Therapiestunde entstehen drei weitere Bilder. Abb. 12 zeigt im Bildmittelpunkt eine Variation der länglichen Form. Diesmal scheint es sich um einen scharfkantigen, schwertähnlichen Gegenstand zu handeln. Anscheinend symbolisiert Lena mit dieser Konfiguration eine übermächtige Bedrohung, der sie sich wehrlos ausgeliefert fühlt. Unklar bleibt die Bedeutung des kopfähnlichen Objekts, das sich direkt unter diesem Formgebilde befindet. Eindeutig benannt wird demgegenüber wiederum das links abgebildete »Haus«. Auf dem anschließend entstandenen Blatt (ohne Abb.) ist ein tiefschwarzes Loch zu sehen. Dunkelfarbige Schraffuren und Kritzeleien bilden den Hintergrund. Eine beklemmende Wirkung übt Abb. 13 auf den Betrachter aus. Die ganz in Violett gehaltene Darstellung zeigt die Hand einer unsichtbar bleibenden Gestalt. In bedrohlicher Weise scheint sie direkt aus dem Bild herauszugreifen.

Ein Vergleich der Abbildungsfolge 10–13 mit Abb. 9 verrät einen tiefgreifenden und umfassenden Wandel im bildnerischen Ausdruck. Wüßte der Betrachter nicht von der übereinstimmenden Urheberschaft, eine entsprechende Vermutung läge auf Grund der drastischen

Abb. 12

Unterschiede im Darstellungsgefüge nicht ohne weiteres nahe.

Bildaufbau, Farbsymbolik und Inhaltsanalyse weisen gravierende Veränderungen auf. Während Lena ihre früheren Bilder von der Standlinie aus plante und gestaltete, fehlt den nachfolgenden Blättern ein derartiger Fixpunkt. Stattdessen thematisieren die späteren Darstellungen die Loslösung von der Ordnung der Dinge. Ohne Anbindung an gesicherte und abrufbare Erfahrungswerte schweben die undeutlich bleibenden Erinnerungsfragmente durch den Bildraum. Gleichwohl verraten Mittelpunktstellung und ausladende Größe der angedeuteten Objekte deren überragende Bedeutung im Erleben des Kindes. Die Strichführung, in der die Darstellungen ausgeführt wurden, wirkt besonders zum jeweiligen Ende des Malprozesses angespannt, fahrig und unruhig. Einerseits wollte Lena dringend wichtige Mitteilungen äußern, andererseits war ihr daran gelegen, den Kommunikationsprozeß schnellstmöglich zu beenden, um so wieder

Abb. 13

Abstand zur unausgeprochenen Thematik zu gewinnen. Demgegenüber zeugen die früheren Bilder von dem durchgängig zu beobachtenden Bemühen um ein ruhiges, konzentriertes und detailgenaues Ausmalen der Bildfläche. Gleichzeitig bediente sich das Mädchen regelmäßig eines breiten Farbspektrums, wodurch ein heiter-unbeschwerter Eindruck entstand. In deutlichem Gegensatz dazu wirken die aktuellen Bilder auf Grund der ausgewählten Farben düster und bedeutungsschwer. Farbsymbolisch versinnbildlicht das nun mehrfach benutzte Violett auf der negativen Seite Passion, Leiden, Spannung, Depression und Geheimnis (vgl. Riedel, 1983, 131ff.). Das ebenfalls jetzt vorzugsweise verwandte Schwarz steht für das Dunkle, Abgründige, Böse und verkörpert Hemmung, Blockierung und Abwehr (ebd., 1983, 156ff.). Der Maler Kandinsky äußerte sich in folgender Weise zu Schwarz: »Wie ein Nichts nach dem Erlöschen der Sinne, wie ein ewiges Schweigen ohne Zukunft und Hoffnung klingt innerlich das Schwarz« (zit. n. Riedel, 1983, 160).

Die Zusammenschau all dieser Beurteilungskriterien legt zu diesem Zeitpunkt die Vermutung nahe, daß Lena Dinge erlebt hat, die sie zutiefst und nachhaltig verunsichert, geängstigt und verstört haben müssen. Aufschluß über die konkrete Ursache der traumatisch anmutenden Bildepisoden lieferten die Darstellungen jedoch damals noch nicht. Dies änderte sich eine Woche später, als Abb. 14 entstand. In Übereinstimmung mit den vorangegangenen Konfigurationen beginnt Lena auch diesmal mit dem Malen wieder in der Bildmitte, also derjenigen Zone, die am ehesten die Aufmerksamkeit des Betrachters bindet. Dort plaziert sie in den Farben Orange und Rot länglich schmale Formgebilde. Die im Bemühen um Genauigkeit ausgeführten Zeichnungen präzisieren jetzt die bekannte, aber bislang verschwommen gebliebene Aussagetendenz. Rote, scharfkantige Formen geben nun eindeutig Auskunft über eine unmittelbare Gefährdung und verbinden diese mit der Angst vor Verletzung. Das orangefarbene Objekt scheint in seiner phallusähnlichen Form die Ursache der Bedrohung darzustellen. Lena, die sehr angespannt wirkt, ergänzt nun am unteren Bildrand eine Wiese, bevor sie die Szene durch zwei blaue Häuser rahmt. Das Haus am linken Bildrand übermalt sie jedoch sofort wieder. Auf die Frage des Therapeuten, wer dort wohne, antwortet Lena: »Das sag ich nicht.«

Besonders plakativ wirkt die Bildaussage auch deshalb, weil sich Lena in der Auswahl der Farben unbewußt des sogenannten ›Komplementaritäts-Kontrasts‹ bediente. Komplementärfarben steigern sich wechselseitig dadurch in ihrer Wirkung, daß die Farbpaare Grün und Rot, Blau und Orange sowie Gelb und Violett jeweils einen zurückweichenden bzw. vorspringenden Wahrnehmungsakzent beinhalten (Riedel, 1988, 122). Der grün-blaue Rahmen des Bildes verleiht der rot-orange-farbenen Formanordnung in der Bildmitte somit eine zusätzliche Plastizität und Signalfunktion.

Obwohl Abb. 14 in einer deutlichen Weise an eine sexuelle Mißhandlung als mögliche Hintergrundproblematik denken läßt, wäre es zu diesem Zeitpunkt falsch, den Verdacht dem Kind gegenüber als solchen zu benennen. Noch hat Lena weder Fakten zum möglichen Täter noch Aussagen zu den etwaigen Umständen der Geschehnisse offengelegt. Die Äußerung von auf den Verdacht bezogenen Vermutungen oder Spekulationen gefährdete anderenfalls das spontan und authentisch verlaufende Aufdeckungsgeschehen.

In der nachfolgenden Therapiestunde entwickelt sich der maltherapeutische Prozeß kontinuierlich weiter. Lena beginnt mit dem dunklen Gebäude in der Bildmitte. In hastiger Strichführung färbt das Mädchen daraufhin den Hintergrund in Violett und Orange ein und nennt das Bild »Nacht« (Abb. 15).

Weil Lena nicht direkt über die Bildinhalte sprechen will, schlägt der Therapeut ein ›Ratespiel‹ vor. In dessen Verlauf erklärt das Kind, auf die Bildmitte deutend: »Das ist ein Haus mit viel Spielzeug und Sportgeräten.« Lena greift unaufgefordert erneut zum Stift und zeichnet eine Figur neben das Haus. Der dazugehörige Kommentar klingt zunächst klischeehaft: »Da ist ein böser Mann mit dicker Nase. Der hat einen Gipsarm und eine Pistole in der Hand.« Lena bittet den Therapeuten, ihren Namen unter das Bild zu schreiben. Dieser fragt daraufhin, ob es noch etwas anderes gebe, was er aufschreiben solle. Lena nickt und diktiert den folgenden Text: »Die Kinder sind tot. Der Mann hat die Kinder richtig totgemacht. Der Mann hat den Kindern wehgetan und sie bluten jetzt. Der Mann hat eine Pistole. Die Kinder hat der Mann krank gemacht. Die Kinder haben vor dem Mann Angst.« Während des Textdiktats rötet sich das Gesicht des Mädchens vor Anstrengung, die verkrampfte Körperhaltung verrät die Last der angesprochenen Thematik. Erstmalig ist Lena dazu in der Lage, »den Mann« im Bild erscheinen zu lassen. Anschlie-

Abb. 14

Abb. 15

100

ßend ist es ihr möglich, die erinnerte und angesehene Realität auch wortsprachlich aufzugreifen und mit Hilfe der ›Diktatbrücke‹ kommentierend weiter zu präzisieren.

Im Bild der nächsten Stunde wiederholt Lena mehrfach dieselbe Handlungssequenz. Schlauchförmige Gebilde werden blau-rot gerahmt, übermalt und zum Teil schließlich zu Häusern umfunktioniert (Abb. 16). Einen kleinen, farbfrei gebliebenen Fleck kommentiert Lena spontan so: »Da ist noch was hell, damit der was sieht.«

Abb. 16

Die Szene mobilisiert starke Angstgefühle. Beim Malen wandert Lenas Zunge ständig unruhig von einem Mundwinkel zum anderen. Die Wirksamkeit des strangulierenden Ambivalenzkonflikts äußert sich einerseits in dem Bedürfnis nach themenbezogenem Ausdruck. Gegenläufig blockieren aber überflutende Angstgefühle das Äußerungsgeschehen. Die belastenden Erinnerungen sollen umgehend durch das Übermalen der zuvor festgehaltenen Inhaltsaspekte gebannt und verneint werden. Erst als der Therapeut eine rote ›Hilfslinie‹ um die Bildzeichen zieht, ist das Mädchen dazu in der Lage, die Formgebilde unabgedeckt stehen zu lassen. Allerdings drängt es Lena, der Konfiguration eine distanzvermittelnde Bedeutung zu verleihen. Daher werden die phallisch wirkenden Formen mit »Augen« versehen und zu »Raupen« erklärt. Lena möchte nicht wahrhaben, was wirklich geschehen ist, und sucht für den Rest der Stunde Abstand zur Konfliktthematik. Deshalb lehnt sie diesmal auch das ihr bereits bekannte ›Ratespiel‹ mit der Begründung ab: »Das soll keiner raten.« In derartigen Situationen ist es wichtig, dem im Widerstreit der Gefühle gefangenen Kind Zeit zu lassen. Nicht zur Aussage zu drängen ist jetzt genauso notwendig, wie es unerläßlich ist, den Therapieprozeß für eine mögliche Aufdeckung offen zu halten.

Zu Beginn der nächsten Stunde kritzelt Lena zunächst unschlüssig auf dem Blatt Papier herum. Die Frage des Therapeuten, ob die Kinder den Mann noch einmal gesehen hätten, beantwortet sie mit »nein«. Nach einer kurzen Pause sagt Lena dann plötzlich: »Der Mann ist der Vater von Hans ... .« Wieder entsteht eine Pause. Lena möchte nicht weiter über die genannte Person sprechen. Stattdessen greift sie nach einem neuen Papierbogen.

Jeweils zweimal zeichnet Lena die angstmobilisierende Gestalt sowie die phallusähnliche Form (Abb. 17). Und jedesmal bannt und übermalt sie das Gesehene sofort wieder. Therapeut: »Ich glaube, das, was du da malst, macht dir so große Angst, daß du es gar nicht ansehen willst.« Lena nickt stumm, sagt aber nichts. Kurze Zeit später gibt das Kind den Grund für seine Angst preis und diktiert den folgenden Satz auf das Blatt: »Mama, Papa, der Mann hat 'ne Pistole.«

Wie in jeder Therapiestunde greift Lena auch eine Woche später sofort wieder zu den bereitliegenden Stiften. Sie malt eine rote Schlauchform in die Mitte des Blattes und setzt ihr einen Hut auf (Abb. 18). Lena nennt ihre Zeichnung »den Mann« und berichtet, daß dieser »das

Mädchen« vor kurzer Zeit wieder getroffen habe. Er wohne in einer »dunklen Höhle« und mache den Kindern Angst. Der Therapeut spricht mit Lena über gute und schlechte Geheimnisse und erlaubt, daß über die schlechten gesprochen werden darf, weil sie Angst und Bauchschmerzen verursachen (vgl. Enders, 1990, 128).

Therapeut: »Was meinst du, wie man dem Kind helfen kann? Es hat ja sehr große Angst und wünscht sich sicher, besser beschützt zu werden. Hast du eine Idee, was wir tun könnten«? Lena überlegt kurz und schlägt dann vor: »Ich kann Benjamin Blümchen holen, der schießt dem da (sie deutet auf ihr Bild) mit Pfeil und Bogen eine drauf.« Lena schränkt sofort ein: »Aber den gibt es ja nicht wirklich.« Therapeut: »Da hast du recht, ich glaube, wir müssen uns etwas anderes überlegen.« Lena zeigt auf den Deckel der Stiftdose, auf dem ein Pferd abgebildet ist und sagt: »Das Pferd soll dem in den Po beißen.« Therapeut: »Das ist keine schlechte Idee, vielleicht sollte das Mädchen aber auch mit einem Erwachsenen sprechen. Die beiden können dann überlegen, wie dem Kind geholfen werden kann, damit es keine Angst mehr haben muß.« Daraufhin äußert Lena: »Ein starker Papa kann helfen, aber mein Papa ist nicht stark.« Während der geschilderten Gesprächspassage hat Lena Arme, Hände und Beine an ihrer Figur ergänzt. Nervös beginnt sie nun, auf dem Blatt herumzustricheln. Plötzlich blickt sie auf und sagt: »Der Mann ist der Papa von Hans XY.« Anschließend diktiert Lena den folgenden ›Brieftext‹ an ihren Vater: »Herr ...! Wenn der Papa von Hans XY das wieder macht, dann soll man ihm eine reinhauen. Der Herr XY hat den Kindern weh getan.« Nachfolgend berichtet Lena, daß Herr XY sie im Planschbecken ausgezogen und gestreichelt habe und am »Pipimann« angefaßt werden wollte.

Spontan überträgt Lena nun die gerade wortsprachlich vollzogene Aufdeckung mit Hilfe der bereitliegenden

Abb. 17

Abb. 18

104

Wachsmalstifte auf die bildsymbolische Ebene. Zunächst trägt sie helles Gelb auf, das sie anschließend mit dunklem Violett abdeckt. Im Anschluß daran entfernt das Mädchen die obere Farbschicht in Kratztechnik wieder, so daß der Hintergrund erneut zum Vorschein kommt (s. Abb. 18). In ähnlicher Weise hatte Lena im Dialog zuvor die bis dahin maskierte Ursache für ihre Ängste in den Vordergrund der Therapie gerückt. Dazu mußte sie sich von Gefühlen befreien, die ihr Ausdrucksbedürfnis überlagerten und einer Offenlegung der Fakten entgegenstanden. Zum Schluß der Stunde stimmt Lena dem Vorschlag des Therapeuten zu, gemeinsam mit ihren Eltern zu überlegen, wie ihr weiter geholfen werden könne.

In dem anschließend anberaumten Gespräch wurden die Eltern des Kindes mit dem aufgedeckten Sachverhalt konfrontiert. Es stellte sich heraus, daß es sich bei Herrn XY um den in der Nachbarschaft der Familie wohnenden Vater eines Freundes der Tochter handelte. Die Eltern zeigten angesichts der überraschenden Eröffnung unterschiedliche Reaktionen. Während der Vater zunächst ungläubig und ratlos schien, berichtete die Mutter des Kindes von wiederaufgetretenem Einnässen und nächtlichen Angstträumen. Auch erkannte sie einen Teil der vielfältigen Bildsymbole in den häuslichen Zeichnungen ihrer Tochter wieder und verhielt sich konstruktiv und realitätsorientiert. Mit den Eltern wurden in einer Reihe von Gesprächen Fragen des Kinderschutzes, des familiären Umgangs mit Lena und der Vorgehensweise gegenüber der Person des Täters angesprochen und diskutiert.

In der Therapiestunde nach dem Elterngespräch benutzt Lena erneut die Kratztechnik, um »Zauberkräfte« wirksam werden zu lassen (o. Abb.). Als der Therapeut vorsichtig von dem »Mädchen und dem Mann« zu sprechen beginnt, unterbricht ihn Lena entrüstet: »Ich bin doch das Mädchen und der Mann ist der Herr XY!«

Lena ist nun in der Lage, die zurückliegende sexuelle Mißhandlung auf ihre Person zu beziehen, und muß den selbstschützenden Abstand gegenüber den gemiedenen Erfahrungsepisoden nicht länger aufrechterhalten, indem sie von »dem Kind« oder »den Kindern« spricht. Sie kann die aufgedeckte Realität von einer über die andere Stunde als solche im Bewußtsein halten und fordert auch vom Therapeuten entschieden, daß dieser die vor sich gegangene Änderung im Umgang mit der Thematik im Gedächtnis behalten soll.

Auf die Frage, warum Lena ihren Eltern nichts von Herrn XY erzählt habe, antwortet das Mädchen: »Sonst schießt der auch auf meinen Pa ...«. An dieser Stelle bricht sie ab. Noch einmal wird das Ausmaß der Ängste klar, die Lena aushalten mußte, weil sie massive Gewaltanwendung gegen ihre Familie befürchtete.

In der nächstfolgenden Stunde zeigt Lena erstmals nach vielen Wochen kein dringendes Bedürfnis nach einem Aufgreifen der Mißhandlungsthematik. Sie wirkt unruhig, aber deutlich entspannter und beschäftigt sich in schnellem Wechsel mit Spielmedien unterschiedlicher Art.

Eine Woche später kommt das Kind in Abb. 19 wieder auf die Übergriffserfahrungen zu sprechen. Das Bild zeigt »Benjamin und Otto, die beiden Piraten« (s. Schriftzug) in ihrem »Piratenboot«. Lena identifiziert sich mit den überlegenen und starken Figuren, die ihr aus Kindererzählungen bekannt sind. Die beiden Helden, die jede Herausforderung bestehen und sich aus jeder Klemme befreien, sollen ihr nun im Kampf mit »den Bösen« beistehen. Diese nähern sich bereits im roten, keilförmigen Boot. Als zusätzliche Sicherheitsgarantie steht ein orangefarbener »Hubschrauber« bereit. Obgleich hastig und ungenau gemalt, läßt die vorliegende Darstellung wieder Ordnungsaspekte erkennen. Der Bildraum wird von Wasser und Wolken begrenzt, am Himmel leuchtet eine Sonne, die in sämtlichen Geheimnisdarstellungen fehlte. Lena überwindet damit ihre duldsame Passivität und Blockierung. Sie möchte kämpfen, sich wehren und stark sein. Zum Ende der Stunde soll der Therapeut eine kleine Kinderpuppe wiederholt mit einem Stück Kordel an eine Krokodilfigur binden. Jedesmal befreit Lena das Mädchen aus der Gefahr und kommentiert: »Es ruft Hilfe und kommt dann frei.«

Zu Beginn der nächsten Stunde färbt Lena einen Bogen Papier vollständig gelb ein (ohne Abb.). Sie bemerkt: »Da ist es sonnig und ganz warm.« Als das Mädchen später die Figuren sieht, die noch aus der vorherigen Woche zusammengebunden im Puppenhaus liegen, äußert sie spontan: »Ich will da raus.« Es entwickelt sich ein heftiges Übertragungsgeschehen, in dessen Verlauf Lena in überschießender Weise dem Täter geltende Wut und Zorn auf den Therapeuten richtet. Sie kratzt, spuckt und droht: »Wenn ich den Mann gebissen hätte, wär er jetzt tot.« In dieser Phase ist der Therapeut nicht mehr in seiner Eigenschaft als verständnisvoll unterstützende Person gefragt. Er dient nun als Projektionsfläche für diejenigen negativen Gefühle, die dem mißhandelnden Erwachsenen selbst nicht vermittelbar waren. Lena bringt den von ihr inszenierten Rollenwechsel auf den Punkt, als sie bemerkt: »Ich brauch' jetzt einen anderen Herrn Reichelt.« Im weiteren Verlauf dieser Sequenz lassen sich die heftigen Bestrafungs- und Vernichtungsphantasien des Kindes auf ein Figurenensemble aus Handpuppen überleiten. In der geschilderten Therapiephase wechselt Lena aus eigenem Antrieb von der Ausdrucksebene des Malens zum Rollenspiel. Im kraftvollen Ausagieren der über einen längeren Zeitraum zurückgehaltenen und angestauten Phantasien überwindet sie die Ohnmachts- und Hilflosigkeitserfahrungen der Mißhandlungssituationen. Um sich in der aufgezeigten Weise äußern zu können, benötigte Lena die ausdrückliche Bestätigung des Therapeuten, daß ihre Gefühle berechtigt und angemessen sind und in der Therapiestunde thematisiert werden dürfen.

Abb. 19

Eine Woche später beginnt Lena ihre Darstellung (Abb. 20) im Bildmittelpunkt mit einem Gebilde, welches sie abwechselnd »Zauberland« und »Theaterbühne« nennt. Der untere Bildrand zeigt Lena und ihren Vater beim gemeinsamen Drachensteigenlassen. Lena betont, daß es sich um »Adlerdrachen« handelt. Nun umkreist sie in gelber Strichführung das »Zauberland« und läßt es, einer Sprechblase ähnlich, am Kopf des Vaters auslaufen. Dazu erklärt sie: »Der Vorhang ist zugezogen.« Zum Schluß malt Lena in die linke obere Ecke eine ausladend große Sonne, deren Strahlen weit in den Bildraum hinein greifen. Beim Malen wirkt Lena ruhig und entspannt. Ohne die Hast und Nervosität der letzten Monate bringt sie die Szene zu Papier. Im Bild selbst zeigt sich die emotionale Wende in der Anordnung der Figuren, die nun wieder auf die Standlinie zurückkehren. Symbolisch bringt Lena damit zum Ausdruck, daß sie wieder Boden unter den Füßen hat. Die Arme des Vaters mit den »Adlerdrachen« ziehen eine deutliche Trennlinie zwi-

Abb. 20

schen Lena und dem »Zauberland«, das wohl die zurückliegende Mißhandlungsepisode versinnbildlicht. In ge-
beugter Körperhaltung trägt das Kind noch an der nicht
vollständig überwundenen Last der Erinnerungen. Lena
wünscht sich einen starken Vater, der seine Tochter mit
der Kraft und Überlegenheit eines Adlers beschützen
soll. Im Alltag hat sie ihn angesichts der waffengewalti-
gen Macht des Täters lange Zeit als schwach erleben müssen. Die von Lena verwandten, keineswegs negativen Begriffe »Zauberland« und »Theaterbühne« bezeichnen eine irrationale Scheinwirklichkeit. Gleichzeitig haftet
ihnen aber auch etwas Reizvoll-Faszinierendes und Be-
sonderes an. Diese Einschätzung wirft die Frage auf, mit
welchen wahrscheinlich zunächst gewaltfreien Tricks
und exklusiven Vergünstigungen der mißhandelnde Erwachsene das Kind ins »Zauberland« gelockt hat. Nun
aber ist die Bühne geschlossen, der Vorhang zugezogen.
  Nach dem Malen zeigt Lena keinerlei Interesse an projektiven Spielmaterialien und problemintensiven Rollen-

spielen. Stattdessen wendet sie sich unbeschwerten Tätigkeiten zu.

Eine weitere Woche später entsteht Abb. 21. Lena beginnt ihre Darstellung mit einem blaufarbenen Himmel. Diesmal verkörpert die bunt akzentuierte Sonne »das Zauberland«. Anschließend malt Lena ein helles Haus mit zahlreichen Fensteröffnungen. Den darüber aufgespannten Halbkreis nennt sie »Regenrinne«. Offensichtlich schützt diese das Haus vor der sich ringsherum ausbreitenden »dunklen Nacht«, indem sie Unwillkommenes abfließen läßt. Der von Lena verwandte Begriff »Regenrinne« bringt das Schutzbedürfnis des Kindes nicht nur wortsprachlich auf den Punkt. Formsprachlich steht der nach unten offene Bogen als Bildzeichen für das Verhältnis zum Behütenden, Beschützenden und Geborgenen (vgl. Riedel, 1988, 99).

Der mehrfach geschützte Raum, in dessen Mitte sich Lena aufhält, symbolisiert, daß sie sich mittlerweile in ihrer Umgebung sicher fühlt. In schwarzer Strichführung erscheint das Kind im Bild zwar noch vom Dunkel der Nacht berührt, gleichzeitig aber deutlich von dieser getrennt und nicht länger in ihr gefangen.

Beim anschließenden Spiel wirkt Lena gelöst und lebhaft. Sie lacht, albert herum und spielt ausgiebig Zirkus.

Die durchgreifend positive Tendenz setzt sich in der nächsten Therapiestunde fort. Im neuen Bild (ohne Abb.) ist jetzt auch die Dunkelheit vollständig verschwunden. Lena befindet sich diesmal im Schutz einer bunten »Hüpfburg«. Sie singt im Kindergarten gelernte Lieder und schneidet Drachen aus farbigem Papier. Anscheinend hat das Mädchen nunmehr einen Großteil der traumatischen Erfahrungen verarbeitet und überwunden.

Die Therapie wurde noch über anderthalb Jahre fortgesetzt. Lena zeigte sich weiterhin in guter emotionaler Verfassung. In größeren Abständen kam sie noch einige Male auf die Mißhandlungserlebnisse zu sprechen.

Das vorliegende Fallbeispiel zeigt einen konsequent spontan verlaufenden maltherapeutischen Prozeß. Kontinuierlich und zielgerichtet setzte sich Lena zu Beginn jeder Stunde mit den traumatischen Episoden auseinander. Mit Hilfe der bestätigenden und unterstützenden Beziehungsatmosphäre gelang ihr in schrittweiser Abfolge die Annäherung an das Geheimnis. Später folgte die Aufdeckung der konkreten Fakten und Umstände der sexuellen Mißhandlung. Parallel zu den sichtbar gewordenen Erinnerungen bewältigte Lena die zuvor gemiedenen Gefühlsaspekte. Mit jedem neuen Bild wuchsen Aussagegenauigkeit und Mitteilungsintensität der übermittelten Botschaften, die so in zunehmender Weise die Orientierung und Selbstvergewisserung des Kindes hervorbrachten.

Abb. 22, die einige Wochen nach dem Haus mit »Regenrinne« entstand, faßt den Bewältigungsprozeß noch einmal bildhaft zusammen. Ein mächtiger Baum, Symbol für inneres Wachstum, beherrscht die Szenerie. Lena erläutert dazu: »Da kommen überall neue Blätter und eine Blüte.« Der Igel neben dem Baum hat die Stacheln wehrhaft aufgerichtet. Wer ihm zu nahe kommt, muß mit schmerzhafter Gegenwehr rechnen. Auf Lena bezogen verkörpert das Tier neu gewonnenes Selbstbewußtsein. Lena möchte zum Abschluß die augenfällige Entwicklung auch sprachlich benannt wissen. Der Therapeut soll ihren Namen (in der Abb. abgedeckt) sowie die Worte »Sonne«, »Baum« und »Igel« groß neben die Symbole schreiben.

Abb. 21

Abb. 22

112

Johanna

Wegen deutlicher Verhaltensauffälligkeiten wurde die siebenjährige Johanna zu einem diagnostischen Wochenaufenthalt im sozial-pädiatrischen Zentrum vorgestellt. Die Pflegeeltern, bei denen das Mädchen und sein jüngerer Bruder seit fünf Jahren lebten, berichteten, daß Johanna zu extremen Angstzuständen neige (Angst vor Krankheit, Bewegungsunfähigkeit und »Menschenfressern«) und sich in Situationen plötzlicher Furcht kaum beruhigen lasse. Außerdem äußere Johanna häufig altersunangemessene, kleinkindhaft wirkende Bitten und Wünsche. Von Zeit zu Zeit greife sie ihre Pflegeeltern unvermittelt und »grundlos« in einer äußerst aggressiven Weise an. Die Familie habe für die andauernden Panikreaktionen keinerlei Erklärung.

Während der ersten Therapiestunden ging es zunächst darum, eine verläßliche Vertrauensbeziehung anzubahnen. So zögerlich und abwartend sich Johanna im direkten Gespräch mit dem Therapeuten anfangs verhielt, so

Abb. 23

entschieden und zielstrebig nutzte sie das Malen als durchgängig gewählte Verständigungshilfe.

Während der Zeit, die Johanna nicht mit Malen verbrachte, geriet sie meist schnell in eine starke körperliche Unruhe. Das Mädchen stellte dann pausenlos stereotype Fragen (»Ist die Stunde jetzt zu Ende?«, »Geh ich jetzt wieder hoch?«), wirkte im wortsprachlichen Dialog flüchtig und verwirrt, lief planlos im Raum herum und fand keinerlei Konzentration zu einem deutlich themenbezogenen Spiel.

In den von der Tätigkeit des Malens bestimmten, ruhigeren Therapiephasen entscheidet sich Johanna anfangs mehrfach für das Experimentieren mit Fingerfarben. Deren Materialbeschaffenheit beinhaltet ein deutlich regressives Moment (vgl. Schottenloher, 1983, 131). Johanna macht sich dies zunutze, indem sie aktuelle Lebensbezüge meidet und mit ihren Aktivitäten auf eine vorgegenständliche und kleinkindhafte Entwicklungsebene ausweicht. Das Matschen und Schmieren führt letzten Endes zu dunkelfarbigen Bildern, die all das, was zur psychischen Erleichterung des Kindes kommuniziert werden müßte, im vollständig Unklaren belassen (s. Abb. 23). Da die Bilder von Siebenjährigen üblicherweise von einem klar gegenständlichen Darstellungsgefüge geprägt sind und sich Johanna hier auch nicht auf Grund lustvoll-ausgelassener Stimmung betätigte, stellt sich die Frage nach den Inhalten, die im Dunkel der Bilder anscheinend noch verborgen werden müssen.

Weil Johanna große Schwierigkeiten damit hat, selbsttätig gegenständliche Tendenzen in den Malprozeß einfließen zu lassen, bittet der Therapeut das Kind, eine Menschzeichnung anzufertigen. Das Mädchen bringt daraufhin eine vierköpfige Personengruppe zu Papier und nennt sie »die Familie«.

Auffallend an dieser Darstellung (Abb. 24) ist zunächst die Ausgestaltung der Figuren, die dem Alter von Johanna unangemessen erscheint. Es mangelt ihnen an einer altersgerechten Differenzierung und Detaillierung. Die Umrißlinien der Familienmitglieder verschwimmen in einer Weise miteinander, welche die Körpergrenzen der einzelnen Personen kaum voneinander unterscheiden läßt. Ebenfalls bleibt die personengebundene Zuordnung der gesichtslosen Figuren unklar, weil unverwechselbare Identitätsmerkmale ebenso fehlen wie eindeutige Hinweise zum familiären Rollenverhalten. Die vorliegende Konfiguration vermittelt in ihrer hastigen und kurzatmigen Ausdrucksgeste einen Eindruck vom Kern der Problematik, noch lange bevor die sexuelle Mißhandlung durch den Pflegevater im späteren Verlauf der Therapie zweifelsfrei aufgedeckt werden konnte: Generationsgrenzen verlieren sich in symbiotischen Beziehungsstrukturen, Körper- und Privatsphäre werden ignoriert, unterschiedliche Rollenerwartungen im Miteinander von Kindern und Erwachsenen sind nicht auszumachen.

Abb. 25 entstand vier Monate später, als die Eltern-Kind-Woche zur Fortführung des begonnenen Therapieprozesses wiederholt wurde. Johanna wählt diesmal aus einem größeren Angebot von Gestaltungsmaterialien Tonpapierbögen und schneidet daraus bunte Formen, die sie anschließend auf ein weißes Blatt Papier klebt. Die dazu geäußerten Assoziationen klingen zunächst unbeschwert (»Schmetterlinge«, »Haus«, »Wasser«). Den warmen Farbtönen auf der linken Seite (rot, gelb, orange) setzt Johanna rechts kalte Farben (blau, grün, pink) gegenüber. Durch das zum Schluß hinzugefügte dunkle Papierfragment erhält die heitere Bildnote plötzlich eine andere Aussagerichtung. Das Kind kommentiert spontan: »Das ist eine schwarze Regenwolke, die haßt man.« Johanna verwischt mit dieser Äußerung den harmonischen Eindruck und setzt, in scharfem Gegensatz dazu, einen negativ bedrohlichen Akzent dagegen.

Beim anschließenden Spiel, zu dem das Mädchen jetzt mehr Ruhe findet, drehen sich seine Einfälle wiederholt

Abb. 24

Abb. 25

116

um das Thema »Schlafen«. Johanna äußert: »Das Kind schläft am besten, das wacht nicht auf« und »Kleine Kinder soll man schlafen lassen«.

In derselben Woche entsteht Abb. 26 als Spontanzeichnung. Das Bild zeigt in seiner Mitte »einen See, auf

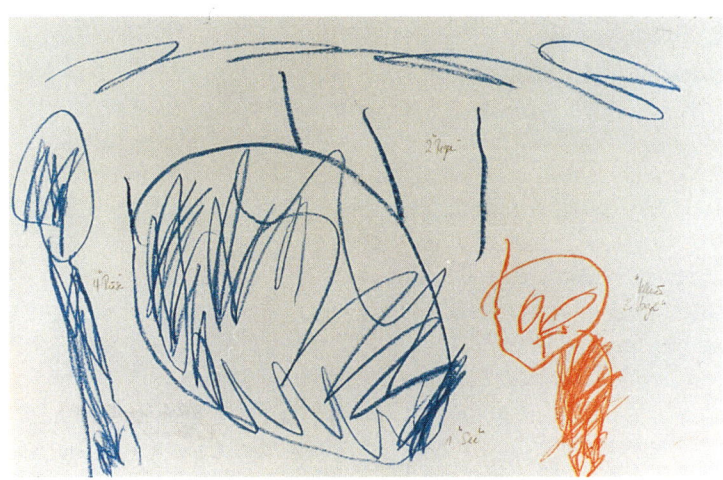

Abb. 26

den es regnet«. Die hoch aufragende Figur links davon stellt »einen Riesen« dar. Rechts vom See befindet sich ein »kleiner Vogel, der Angst hat«. Seine Augen starren tot und reglos zum anderen Ufer des Wassers, wo die bedrohlich wirkende Erscheinung des »Riesen« aufragt. Im ›Gesicht‹ des Vogels ersetzt ein Kreuz ›Mund‹ und ›Na-Sicher steht diese Figur für Johanna selbst und ihre Angst, deren Ursache das Mädchen, dem Vogel ohne Flügel ähnlich, nicht ausweichen kann. Klein und ängstlich wie dieser, muß sie Hilflosigkeit und Ohnmacht aushalten, ohne über die furchterregende Gestalt sprechen zu können, die übermächtig die linke Bildseite beherrscht. Retrospektiv symbolisiert Johanna hier die charakteristische Beziehungsasymmetrie bei sexueller Kindesmißhandlung durch eine vertraute Bezugsperson. Der Erwachsene mißbraucht dabei mit Hilfe seiner strukturellen Überlegenheit das ihm geltende Vertrauen des Kindes sowie dessen von Zuneigung getragene Beziehungswünsche.

Nachdem Johanna jetzt damit begonnen hat, ihren Konflikt auf einer zunächst symbolischen Ebene zu thematisieren, schlägt der Therapeut ihr vor, ein ›Familienbild‹ zu malen. Von Interesse ist nun die Frage, ob das Mädchen in einer bedeutsamen Weise von der verdeckten Mitteilungsebene auf die familiäre Erlebnisrealität überblenden wird. Johanna beginnt ihre Darstellung mit der eigenen Person in der Bildmitte. Links erscheint daraufhin der »Papa mit dickem Bauch«. Zuletzt bildet das Kind dann rechts seine Mutter ab. An der entstandenen Gruppierung fällt auf, daß Mutter und Tochter sich gegenseitig in einer Kontakt suchenden Geste berühren. Die Beziehung zum Vater wertet Johanna demgegenüber als abgrenzungsbedürftig. Abwehrend erhobene Handflächen lassen diese Aussageintention augenfällig werden. Signalisiert die übereinstimmend in Grüntönen ausgeführte Gestaltung der Figuren dennoch eine Art Verbundenheit und Loyalität in der Beziehung zwischen beiden? Der spätere Therapieverlauf legt diesen Schluß nahe. Von auffälliger Erscheinung sind auch die von Gegensatzbildung bestimmten Gesichter der Personen. Große, sehende Augen nehmen wahr, während zusammengekniffene Münder schweigen. Nase und Mund bilden hier dieselbe untypische Kreuzform, die dem Betrachter bereits vom symbolhaften Konflikt zwischen »Vogel« und »Riesen« bekannt ist. Der analog gewählte mimische Ausdruck versinnbildlicht den Zwang zur Geheimhaltung von Geschehnissen, die weder im familieninternen Rahmen noch außerhalb von diesem angesprochen werden dürfen. Johanna kommt an dieser Stelle bezeichnenderweise wieder auf das Thema »Schlafen« zurück, indem sie bemerkt: »Mir geht es gut, weil ich gut geschlafen habe, Mama und Papa geht es manchmal sehr schlecht.« Die Mittelpunktstellung des Mädchens, das sich selbst in übereinstimmender Größe mit den Eltern ins Bild setzt, den Bruder aber ausspart, zeigt an, daß es sich innerhalb der Familie nicht vorrangig als Kind fühlt. Eher sieht es sich wohl in der auferlegten Rolle eines Partnersubstituts und Bindegliedes zwischen den Eheleuten (Abb. 27).

Verglichen mit der vorangegangenen Familiendarstellung (Abb. 24) hat Johanna im aktuellen Bild die frühere Symbiose der Figuren in strukturierenden Umrißlinien und klaren Körpergrenzen aufgelöst. T. Manning (1987, 23) sieht in Familienzeichnungen sexuell mißhandelter Kinder, die zunächst mit Hilfe von Umrißlinien skizziert und anschließend in kontrastierender Farbgebung ausgemalt werden, einen Hinweis auf das Bedürfnis, Grenzen zu etablieren. Während die anfänglichen Konfigurationen Einblick in die »Unordnung der Erinnerungen« (Burgess et al., 1993, 167) lieferten, versinnbildlichen die aktuellen Veränderungen im Darstellungsgefüge den jetzt in Gang gekommenen Prozeß der Klärung und Selbstvergewisserung. Mit Hilfe bildgebender Orientierung tastet sich Johanna mittlerweile vorsichtig an die traumaintensiven Erfahrungsepisoden heran.

Nachfolgend erhielt das Mädchen die Aufgabe, seine Familie in eine Tierfamilie zu verwandeln (nach Brem-Gräser, 1975). Die entstandene Bildlösung (Abb. 28) weist eine Reihe bedeutungsvoller Merkmale auf.

Johanna beginnt ihre themengebundene Stellungnahme mit der Mutter und erläutert spontan: »Mama ist ein Känguruh – ohne Beutel.« Rechts daneben malt sie sich selbst als »Tiger«. Den Vater stellt Johanna links im Bild als »Löwe« dar. Nachdem das Kind sämtliche Tiere in braunem Farbton gezeichnet hat, den Bruder aber im Gegensatz zur allerersten Familienzeichnung (Abb. 24) erneut ›vergißt‹, greift es zum schwarzen Stift und kon-

Abb. 27

turiert damit die ihm bedeutsamen Details. Während bereits die Darstellung des »Riesen« in ihrer Formsprache an einen Phallus erinnert, eine entsprechende Aussageintention jedoch nicht zwingend nahelegt, drängt sich nun in der Gestalt des Löwenkörpers die Ähnlichkeit zum Penis unübersehbar auf. Die Annahme einer derartigen Bedeutung liegt besonders auch deshalb nahe, weil die Bewegungsrichtung des Löwen zum Körper des Tigers drängt, der seinerseits deutlich schaftartig anmutet. Der angedeuteten sexuellen Verbindung zwischen Vater und Tochter steht gleichzeitig der Wunsch nach Trennung und Abgrenzung gegenüber. Die vorgenommene Wahl der Tiere verdeutlicht dieses Bedürfnis. Löwe und Tiger sind zwar auf Grund von Ähnlichkeiten miteinander verwandt, gleichzeitig aber durch eine unterschiedliche Artenzugehörigkeit voneinander getrennt. Zwischen sich und den Vater hat Johanna ihre Mutter gemalt. Die Bewegungsgebärde, mit der sie sich dem Löwen entgegenstemmt, ihn in seinem Vorwärtsdrang zu hemmen

Abb. 28

scheint, repräsentiert den Wunsch des Kindes nach schützender Inobhutnahme. Demgegenüber sieht die Alltagswirklichkeit des Mädchens anders aus. Johanna vergleicht ihre Mutter mit einem »Känguruh ohne Beutel«. Damit fehlt diesem Tier gerade dasjenige Merkmal, welches unübersehbar den Schutz und die Geborgenheit der Nachkommen sicherstellen soll. Ist das ›Familienbild‹ (Abb. 27) noch von zögernden Andeutungen bestimmt, wagt sich Johanna mit der aussagestarken Tierfamilie ein Stück weiter in den Bereich deutlich erinnerter Realität vor. Hat sie dort erst einmal den Wunsch nach Abgrenzung artikuliert, die dafür maßgebliche Hintergrundthematik aber nur im Sinne der Geheimnisverpflichtung charakterisiert (offene Augen, die sehen – geschlossene Münder, die schweigen), so deutet Johanna nun den Grund ihrer Ängste an. Zwar ist sie noch nicht dazu in der Lage, die Mißhandlungsfakten offen als solche zu benennen, dennoch spricht die gewählte Bildsymbolik bereits eine deutliche Sprache.

121

In einer anschließenden Spielsituation nimmt das Mädchen wenige Minuten später eine Katzenfigur zur Hand. Es äußert: »Ich hasse Raubkatzen«, sperrt das Tier in den »Käfig« und will es »nie mehr rauslassen«.

Johanna hat sich mit den zuletzt entstandenen Bildern dem Kern der Geheimnisverpflichtung genähert. Jetzt aber schwächt sich plötzlich die Aussagegenauigkeit ihrer Darstellungen ab. Mit der nächsten Spontanzeichnung (Abb. 29) zieht sich das Kind wieder auf eine allgemeinere Mitteilungsebene zurück. Die bereits gewonnene Intensität der Bildaussagen verliert sich in vagen Andeutungen. Zu sehen ist nun eine »Blumenwiese«, über die »ein gräßliches Gewitter« hinwegzieht. Johanna kommentiert: »Regen und Blitze knallen runter und zerstören die Blumen.« Möglicherweise reagiert das Mädchen mit der Reduzierung und Verlangsamung der Bildkommunikation auf eine Veränderung des therapeutischen Settings. Zwischenzeitlich war nämlich die ambulante Fortführung der Therapie vereinbart worden. Die nun zwangsläufig eintretenden Pausen unterbrachen den intensiven Dialog der vormals täglichen Abfolge von therapeutischen Sequenzen.

Das aktuelle Bild (Abb. 29) vermittelt eine bedrohliche Atmosphäre, läßt die Ursache der Gefahr aber im Dunkeln. An die Stelle der zuletzt unmißverständlichen Fingerzeige rückt nunmehr eine vieldeutige Ausdrucksebene. Sieht der Betrachter diese Darstellung als isolierte Mitteilung, so bleibt ihm nur die Möglichkeit einer spekulativen Annäherung an etwaige Erlebniszusammenhänge. Als Facette innerhalb einer Abfolge von Bildszenen erschließt die vorliegende Konfiguration ihren Sinn jedoch im Verbund der gemalten Verständigungsversuche. Nachfolgend verstärkt sich die Tendenz rückläufiger Kommunikation. Das nächste Blatt (ohne Abb.) zeigt ausschließlich bunte Formen aus Tonpapier, die Johanna ausgeschnitten und aufgeklebt hat. Schneiden und

122

Kleben stellen eine unverfängliche Beschäftigung dar. Im Vordergrund steht dabei die Tätigkeit als solche, die, frei von Bedeutungsintentionen, Abstand zur angstbesetzten Hintergrundthematik schafft. Zum Schluß der Stunde setzt Johanna dann doch wieder einen themenbezogenen Akzent. Umgehend drängt es sie aber, den eben hinzugemalten roten Keil erneut hinter einem darüber geklebten Papierfragment verschwinden zu lassen. Ganz deutlich kollidiert hier der Wunsch nach Offenlegung mit dem Zwang zur Geheimhaltung.

In der darauf folgenden Woche möchte Johanna nicht malen. Sie erzählt, daß sie am Wochenende mit ihrem Vater einen Ausflug unternommen habe, will aber keine weiteren Einzelheiten berichten. Stattdessen erkundigt sich das Mädchen, welches Kind vorher zur Therapiestunde erschienen ist und ob ihm geholfen werden konnte. Therapeut: »Manche Kinder kommen deshalb hierher, weil sie noch nicht richtig sprechen gelernt haben. Und dann gibt es Kinder, die zwar sprechen können und trotzdem Hilfe beim Sprechen brauchen, weil sie vor irgend etwas große Angst haben. Diese Kinder können wegen ihrer Angst nicht reden. Sie denken vielleicht, daß es für ihre Eltern sehr schlimm wäre, wenn sie erzählen würden, was sie am liebsten erzählen möchten. In meiner Stunde bekommt aber jedes Kind die Erlaubnis, über schwierige Dinge zu sprechen.« Nachdem der Therapeut aktiv die einer vollständigen Aufdeckung entgegenstehenden Ängste angesprochen hat, denkt Johanna eine Weile über ihre Situation nach und äußert dann: »Mich hat mal einer fest geschlagen und mir wehgetan und immer Angst gemacht...«. An dieser Stelle bricht sie ab. Zum Ende der Stunde kommt das Mädchen aber auf sein Thema zurück, indem es ankündigt: »Vielleicht will ich dir nächste Woche etwas erzählen.« Johanna lotet im Verlauf dieser Sequenz die Möglichkeit zuverlässiger Hilfe für ihre Person aus. Als sie hört, daß es auch anderen

Abb. 29

Kindern aus Furcht oder Loyalitätsempfinden ›die Sprache verschlagen‹ hat, faßt sie erstmals den Mut, über die Bedrohung in der ›ersten Person‹ zu sprechen. Johanna stellt klar, daß es etwas gebe, worüber sie reden möchte, zögert aber noch damit, die gefürchteten Erinnerungen konkret zu benennen, und verschiebt deren Offenlegung auf die nächste Gelegenheit.

Eine Woche später entsteht direkt zu Anfang der Therapiestunde Abb. 30. Johanna tarnt die offensichtlich phallusförmigen Gebilde als »Bananen«. Die von ihr gewählten Farben Schwarz und Violett versinnbildlichen unter anderem Bedrohung, Heimlichkeit und Leiden (vgl. Riedel, 1983, 132ff.). Für die Umrandung des mittleren Bedeutungsträgers wählt Johanna bezeichnenderweise »die Hautfarbe«. Die von rechts nach links verlaufende Ausführungsreihenfolge verleiht dem dargestellten Penis eine immer bedrohlicher werdende Dimension.

Das zum Schluß hinzugefügte grünfarbene Papierfragment soll die Deutlichkeit der entstandenen Aussage mil-

Abb. 30

dern. Die harmlose, ungegenständliche und unverfängliche Beigabe verkörpert demzufolge noch nicht überwundene Verleugnungsimpulse. Der Versuch, den angstbesetzten Bericht auf diese Weise anders zu deklarieren, schützt das malende Kind, den aufmerksamen und verständigen Betrachter vermag er hingegen nicht zu verwirren. In ihrer sichtbaren Ausdrücklichkeit und konfliktbenennenden Funktion eilt die Bildsprache zu diesem Zeitpunkt den Möglichkeiten wortsprachlicher Offenlegung voraus. Obwohl Johanna noch nicht über die gemiedenen Erinnerungen sprechen kann, verleiht die Zeichnung ihrer Befindlichkeit dennoch eine ›Stimme‹.

Im Anschluß an die zuletzt entstandene Bildszene verlangt Johanna sofort nach einem neuen Bogen Papier. Mit roter Fingerfarbe malt sie darauf einen leicht gebogenen, breiten Keil (ohne Abb.). Das Kind präzisiert die getroffene Bildaussage und bemerkt: »Ich muß dir etwas erzählen, was ich dir immer schon erzählen wollte.« Auf die rote Form deutend, fährt Johanna fort: »Davon habe

ich heute nacht geträumt, das hat mir Angst gemacht.«
Spontan berichtet sie weiter, daß ihr Vater vergangene
Nacht in ihr Bett gekommen sei und dort geschlafen habe. Auf vorsichtige Fragen des Therapeuten reagiert Johanna unwillig. Sie äußert: »Das geht dich gar nichts
an.« Aufs Neue ändert sich im ständigen Widerstreit der
Handlungsmotivationen die Richtung des problemlösen-
den Verhaltens. Für den Augenblick gewinnen erneut
Verleugnungstendenzen die Oberhand. Das Mädchen
schützt sich vor der übermächtigen Intensität der soeben
erinnerten Bedrohung, indem es diese umgehend wieder
hinter dick aufgetragenem Schwarz verschwinden läßt.
Der notwendige Rückschritt hängt mit der beschriebenen Verlaufskurve von Angstdynamik in der Therapie
von Geheimgehaltenem zusammen. Stärker als zu Anfang beherrscht kurz vor und während der zentralen
Momente der Aufdeckung die Furcht vor nachfolgenden
Konsequenzen das Erleben des Kindes. Aufkeimende
Sorgen und Befürchtungen beantwortet Johanna daher
mit der Reduzierung und Minimalisierung ihrer non-
verbalen und wortsprachlichen Mitteilungen.

Der Beginn der nachfolgenden Stunde versetzt Johanna zunächst in eine erhebliche körperliche Unruhe. Es
gelingt ihr nicht, das Malen in seiner befreienden Funktion zu nutzen. Plötzlich äußert das Mädchen: »Ich hab
viel Angst.« Nach einer kurzen Pause berichtet Johanna
von ihrem Vater: »Der bringt mich abends ins Bett und
küßt mich, ich hasse das.« Therapeut: »Wenn du ihm
sagst, daß du das nicht möchtest?« Johanna: »Ich trau
mich nicht, weil der Papa mich so lieb hat.« Nach einer
weiteren Pause des Zögerns fährt sie fort: »Der legt mich
immer übers Bett und quetscht mich, bis ich keine Luft
mehr kriege. Er tut weh und macht Angst.« Weitere Einzelheiten des Geschehens möchte Johanna in diesem Augenblick nicht äußern. Sie wirkt sehr bedrückt über den
soeben vollzogenen ›Geheimnisverrat‹. Ihrem Pflegevater

gegenüber fühlt sie sich trotz heftigen Zorns in bindungsintensiver Weise verpflichtet. Auf die schuldzuschreibenden Äußerungen reagiert das Mädchen daher umgehend mit heftigen Selbstbeschuldigungen. Es fordert, gemeinsam mit der Raubkatze eingesperrt zu werden, und will in »Gefangenschaft« bleiben.

Eine Woche später greift der Therapeut die offengelegte Thematik erneut auf, indem er Johanna fragt, ob sie sich noch daran erinnern könne, was sie in der letzten Stunde erzählt habe. Diese bestätigt daraufhin ihre Aussagen und bekräftigt, daß der »Papa« mit der »Angstmacherei« und der »Scheißknutscherei« aufhören solle. Ausdrücklich drängt das Kind darauf, seine Forderung mit beiden Eltern zu besprechen. Der Therapeut sagt dies zu und bittet das Mädchen, ein Bild von sich und seinem Vater zu malen.

Johanna beginnt die Darstellung (Abb. 31) mit der eigenen Person, deren Körper sie in Ober- und Unterleib trennt. Keine der früheren Menschdarstellungen weist diese Unterscheidung auf (s. Abb. 27). Die augenfällige Spaltung des Körperganzen in eine wahrnehmungszugängliche und eine empfindungsgestörte Zone läßt einen typischen Versuch der Problembewältigung sexuell mißhandelter Kinder erkennen. Der Genitalbereich wird wegen der sexuellen Übergriffe vom bewußten Erleben abgespalten, die entsprechenden Erfahrungsepisoden geleugnet oder verdrängt. Die Wahl der Farbe Blau für Geschlechtsregion und Beine unterstreicht diese Tendenz. Farbsymbolisch stehen Blautöne unter anderem für Introversion, Tiefe, Entgrenztsein und die Abhängigkeit von Unbewußtem (Riedel, 1983, 64). Aber auch der Oberkörper der Figur ist von einer Spaltung durchzogen. Das links vorherrschende Gelb wird zur rechten Seite hin unvermittelt von einer scharf gezogenen Schwarzfärbung begrenzt. Die Körperseite rechts von dieser Grenze wirkt in der roten Schattierung wie verwundet. Leblos geschlossene Augen verbinden sich mit dem zu-

Abb. 31

sammengekniffenen Mund zu einem Gesichtsausdruck,
der dem Betrachter Schmerz, Verzweiflung und Aus-
sichtslosigkeit spiegelt. Fehlende Hände und Füße ver-
stärken noch den Eindruck absoluter Hilflosigkeit. Die
Vater/Tochter-Darstellung vermittelt einen drastischen
Eindruck davon, wie total sexuelle Mißhandlung die
kindliche Person in ihrer Vielfalt, Ganzheit und Identität
verletzen und zerstören kann.

Nach Beendigung der Selbstdarstellung erklärt Johanna, daß sie ihren Vater nicht malen wolle. Während sie
noch protestiert und sich abfällig äußert, kritzelt sie eine
penisähnliche Form auf das Blatt. Schweigend arbeitet
das Mädchen weiter und ergänzt Augen, Mund und Nase, so daß ein Gesicht entsteht. Schließlich fügt Johanna
das Körperoval hinzu. Zwischen die Beine setzt sie einen dritten Strich. Weil ihr die Farbe hier nicht aus-
drucksstark genug erscheint, werden Beine und Mittel-
strich noch einmal in einem kräftigen Farbton nachge-
zogen. Die Verknüpfung von Penisform und Gesicht

reduziert die Gesamtfigur auf ihre Geschlechtlichkeit. In der Wahrnehmung des Kindes verkürzt und beherrscht die sexuell-aggressive Seite das Erscheinungsbild des Vaters. Dieselbe Tendenz drückt sich auch in der roten Farbgebung seiner Person aus. So steht die Farbe Rot unter anderem für männlich-aktive und sexuelle Energie (vgl. Riedel, 1983, 31). Das verletzende Rot fließt in der Darstellung vom Körper des Vaters über die Penisspitze der hingewandten Körperseite des Kindes zu, auf die es zu zielen scheint. Dort manifestiert es sich im symbolischen Zeichen der Wunde und schießt diagonal bis in die Genitalregion vor. Mit verstohlenem, seitwärts gewandtem Blick schaut der Vater im Bild seine Tochter an. Auch er erscheint hilflos und ohnmächtig. Auch ihm fehlen mit Füßen, Armen und Händen die ›Werkzeuge‹ der Bewegung und Veränderung. Johanna bündelt in dieser Darstellung sämtliche Aspekte ihrer leidvollen Beziehung zum Vater. Ohne jede Möglichkeit zu Dialog und Verständigung stehen beide nebeneinander, die Art ihrer Beziehung ist evident. Deren sexuelle Natur ist in keiner der vorherigen Zeichnungen auf ähnlich prägnante und unmißverständliche Weise zum Ausdruck gekommen. Johanna hat im Laufe der Maltherapie die Kraft gewonnen, ihre traumatischen Erfahrungen zur eindeutigen, klar strukturierten Bildaussage zuzuspitzen. Ebenfalls gelingt es ihr nun, die Bedeutung der Bildergebnisse zu erkennen und die damit verbundene Konfrontation auszuhalten, anstatt deren Aussagegehalt, wie zuvor häufig geschehen, reflexartig leugnen zu müssen.

Mittlerweile hat das Mädchen die sexuellen Übergriffe auch einer Lehrerin gegenüber offengelegt. Detailliert beschrieb sie sowohl die sexuellen Praktiken als auch die Versuche des Pflegevaters, Spuren seines Handelns auf vielfältige Weise zu vertuschen und Johanna selbst über den Tathergang subtil zu verwirren.

Im Aufdeckungsgespräch gab der Pflegevater einen Teil der sexuellen Handlungen zu. Er betonte allerdings, daß es sich dabei aus seiner Sicht nicht um sexuelle Übergriffe handelte, wohingegen Johanna dies aber wohl so empfunden und wahrgenommen habe. Mit den Eltern wurde daraufhin vereinbart, daß der Vater zunächst auf unbestimmte Zeit in räumlicher Trennung von der Familie leben solle. Gleichzeitig wurde eine Intensivierung der therapeutischen Kontakte für Eltern und Kind beschlossen.

Im weiteren Verlauf der Therapie äußerte sich Johanna zu Anfang noch befriedigt über die räumliche Trennung vom Vater (»endlich ist der böse Mensch weg«). Später zeigte sie sich hingegen zunehmend besorgt über sein Schicksal und Wohlergehen. Gleichzeitig agierte das Mädchen verstärkt konfus, verunsichert und verwirrt. Im Prozeß ›sekundärer Verleugnung‹ (Fürniss, 1991, 306) zog es die offengelegten Aussagen zum Verhalten des Täters aus Loyalitäts- und Bindungsempfinden zurück und berichtete stattdessen plötzlich »von dem bösen Jungen auf der Straße«. Mehrfach versuchte Johanna nun die Beziehung zum Vater als positiv und vertrauenswürdig darzustellen (»der Papa ist jetzt bestimmt immer lieb, darf er wieder nach Hause?«). Wegen der nun hochgradig ambivalent erscheinenden Verstrickungen innerhalb der familiären Beziehungen geriet auch die therapeutische Arbeit in die Krise. Es entwickelte sich eine Dynamik, deren Verlauf vom Helfersystem nicht länger in einer für Johanna wünschenswerten Weise beeinflußt werden konnte. Schließlich wurde die Herausnahme beider Geschwisterkinder aus der Pflegefamilie beschlossen. Nach der notwendig gewordenen Fremdvermittlung leben Johanna und ihr Bruder heute in einer Heimeinrichtung.

Verglichen mit dem zuvor skizzierten Verlauf, läßt das zweite Fallbeispiel deutliche Unterschiedsmerkmale erkennen. Von thematischen Vorgaben frei, intensivierte sich bei Lena der Selbstverständigungsprozeß in konstant aufsteigender Linie. Ohne daß kommunikationshemmende Phasen die Therapie in ihren Kernpunkten beeinträchtigten, gewannen die sichtbar werdenden Bedeutungszusammenhänge an nachvollziehbarer Sinnstruktur. Im Fall von Johanna war die Aufdeckung demgegenüber von einer starken und ständigen Auf-und-Ab-Bewegung bestimmt. Mehrfach blockierten aufkeimende Verleugnungsimpulse die Wahrnehmung bereits erinnerter Traumaaspekte. Das Spektrum gegenwirkender Motivation verhinderte die stetige Zunahme der bildhaften Aussagegenauigkeit und Mitteilungstiefe. Geriet die Suche nach unmißverständlichen Bedeutungsträgern daher zeitweise ins Stocken, so halfen eingestreute Themenvorschläge den Prozeß der Klärung und Selbstvergewisserung an unterbrochener Stelle aufs Neue anzustoßen. In der Weise, in der die Bilder des Kindes zunehmend die Realität der sexuellen Übergriffe spiegelten, rückte auch die mündliche Sprache stärker in den Vordergrund offenlegender Äußerung. Unter dem Aspekt wechselseitiger Ergänzung fallen so in der Maltherapie Bild- und Wortsprache zu aufdeckungsfördernder Kommunikation zusammen.

Britta

Bei der fünfjährigen Britta begann die Therapie ebenfalls mit einem diagnostischen Wochenaufenthalt. Die Eltern des Mädchens suchten Rat wegen der vielfältigen, abrupt auftretenden Angstzustände ihrer Tochter. Mit heftigem Zittern und Schreien reagiere Britta beispielsweise auf das Erscheinen von Insekten. Das Mädchen quäle sich aber auch mit der Phantasie, von einem Auto überfahren zu werden, hilflos in einem Käfig gefangen zu sein oder in einer Menschenmenge verloren zu gehen. Die Entwicklung des jüngeren Bruders verlaufe demgegenüber unauffällig. Obwohl Britta in lebenspraktischer Hinsicht als selbständig beschrieben wird, lehnt es das Mädchen ab, sich alleine an- bzw. auszuziehen und ohne Begleitung von Vater oder Mutter auf die Toilette zu gehen. Wegen der für die Eltern unerklärlichen »Marotten« kommt es in der Familie regelmäßig zu heftigen Auseinandersetzungen.

Abb. 32

Ohne dabei distanzlos zu wirken, zeigt sich Britta im Kontaktverhalten von Beginn der Therapie an aufgeschlossen und zugewandt. Offen berichtet sie davon, daß sie nachts manchmal noch in die Hose mache und sich deshalb schäme. Ausdauernd und konzentriert beschäftigt sich Britta mit unterschiedlichen Spielmedien. Die Handlungsfolgen ihrer Inszenierungen geben aber zunächst keinerlei Aufschluß über eine etwaige Ursache der vielschichtigen Angstsymptomatik.

Wie Lena und Johanna in den zuvor dargestellten Fallbeispielen, erkennt auch Britta im Malen schnell eine Möglichkeit zur non-verbalen Verständigung. So gibt bereits die erste Zeichnung (Abb. 32) rückblickend Aufschluß über diejenige Person, die das Kind in ständige Angst versetzt.

In eindeutiger Weise dominiert die spontan als »Sven« bezeichnete, violettfarbene Gestalt den Bildeindruck. Nach der zuerst entstandenen Figur zeichnet Britta »eine Wiese mit zwei Blumen drauf«. Das Mädchen betont mehrfach, daß es ›etwas Schönes‹ malen wolle (»ich mal'

Abb. 33

was Schönes«, »das ganze Bild soll schön sein«). Entgegen dieser Ankündigung spricht die vorliegende Konfiguration eine andere Sprache. Zum Schluß setzt Britta der bildbeherrschenden Person nämlich ein Haus auf den Kopf. Die zunächst offenen Fenster des Gebäudes werden in tiefgetöntem Violett verschlossen. Welche Bedeutungsintention verbirgt sich hinter der eigentümlichen und bizarren Komposition?

Einerseits tritt Britta selbst problemorientierten Vermutungen entgegen, indem sie das Gebäude koloriert und nochmals betont: »Das Haus soll schön bunt angemalt werden.« Handelt es sich also um eine übermütige oder phantastische Darstellung? Gegen diese Einschätzung spricht vor allen Dingen die ernste, angespannte Verfassung, in der das Kind seine Bildaussage zu Papier bringt. Aufmerken lassen auch der beschriebene Symbolwert der vorwiegend verwandten Farbe Violett sowie die bemüht wirkenden Versuche, die Konfiguration schön zu reden. Demzufolge drängt sich also eine andere Bedeutung auf: Offensichtlich hat der genannte Erwachsene das Haus, welches in der Logik des Bildes eigentlich auf die Wiese zwischen die Blumen gehörte, aus dem vertraut-bekannten Lebensraum gerissen. Damit scheint er auch die verläßlich-gewohnte Ordnung der Dinge aus den Angeln gehoben zu haben. Daß Britta ihren bildsymbolischen Hinweis der eigenen Desorientierung, Verwirrung und Angstsymptomatik zurechnet, wird in dem Moment deutlich, als das Mädchen auf die Frage nach den Bewohnern des Hauses antwortet: »Da oben im Haus sollst du mit einem ganz kleinen Kind wohnen.« Weil die vertraute Umwelt für Britta aus den Fugen geraten ist, wünscht sie sich Schutz durch die Person des Therapeuten. Im Laufe der Woche vermeidet Britta jedoch jeden weiteren Hinweis, der Aufschluß über den Hintergrund ihrer Probleme geben könnte.

Kurze Zeit später wird die Eltern-Kind-Woche zur Fortführung der Therapie wiederholt. Währenddessen haben sich bei Britta regressive Verhaltenstendenzen verstärkt. Die Eltern berichten von häufigem nächtlichem Einnässen und einer starken Fixierung auf Übergangs- und Trostobjekte. Britta finde abends meistens erst nach lang anhaltenden Schaukelbewegungen und selbstberuhigendem »Singsang« in den Schlaf. In angstauslösenden Situationen schreie sie »alles zusammen« und klammere sich an die Eltern.

Britta beginnt Abb. 33 in der Bildmitte mit dem kleinen blauen Haus und einer scharfkantig gezeichneten Wiese. Als nächstes erscheint die Person im Zylinderhut neben der »Garage« (rosafarbenes Dreieck). Bevor Britta mit der schwarz-braun gefaßten Straße die Darstellungsfolge beendet, setzt sie eine gelb-rote Sonne über die Szene. Die Größenverhältnisse zwischen den Objekten weisen deutliche Unterschiede auf. Verglichen mit der bildbeherrschenden »Straße« wirkt der Rest der Konfiguration wie eine Miniatur. Die außerordentliche Größe eines Bildaspekts hebt diesen hervor und verleiht ihm eine besondere Bedeutung, die es in der Maltherapie zu entschlüsseln gilt (Furth, 1991, 88). Sonderbar mutet aber auch die Gestalt der »Straße« an. Entgegen ihrer üblichen Funktion schafft sie keine Verbindung, sondern läßt Anfang und Ende absurderweise im Nirgendwo verlaufen. Auffällig erscheint zudem die besondere Betonung ihrer Spitze, die Britta mit Hilfe einer deutlich intensiveren Färbung hervorgehoben hat. Das Mädchen gibt zu seinem Bild keinerlei erläuternden Kommentar ab. Während derselben Woche entsteht Abb. 34.

Erneut sind es die Größenverhältnisse und Proportionen, die dem Betrachter die zentrale Aussageabsicht vor Augen führen. Britta fängt ihre Darstellungsfolge rechts im Bild mit einer »Garage« an, die sie in Form konzentrischer Rechtecke gestaltet. Außen beginnend, zentriert

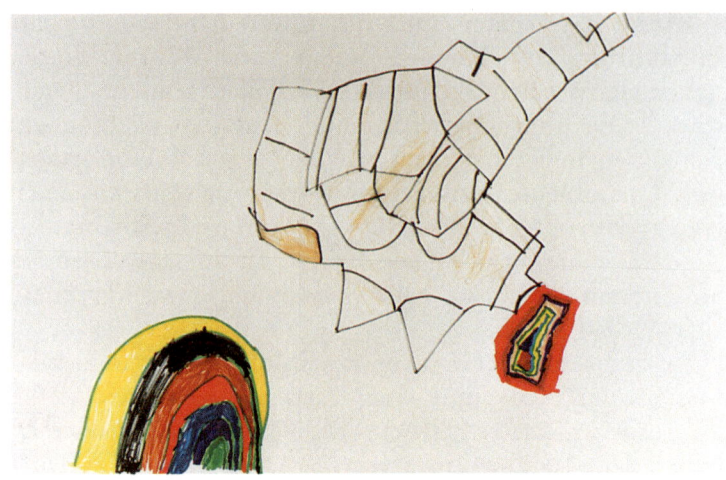

Abb. 34

das Mädchen den Raum, in einer zunehmend inwärts gerichteten Bewegung, zur Mitte hin. Es scheint, als wolle es damit die eigene Realitätsflucht im Sinne einer Kehrtwendung zu tieferen Schichten der Person versinnbildlichen. Eine unheilvolle Bedrohung ergibt sich im Bild aus der unmittelbaren Nähe zu dem direkt angrenzenden »Keller«. Britta stellt diesen Gebäudeteil als massig und scharfkantig wirkende Keule dar. Knapp erläutert das Mädchen, daß es »im Keller manchmal große Angst« habe, weil es dort »komische Geräusche« höre. Das Kind beendet seine Darstellung mit einem »Regenbogen«. Als Symbol der Hoffnung verstanden, verdeutlicht er, daß Britta noch zuversichtlich auf eine Veränderung ihrer belastenden Lebensumstände hofft. Auch hier deuten aber die von außen nach innen verlaufenden Halbkreise Rückzug und Flucht vor einer angstmobilisierenden Wirklichkeit an. Die tief im Inneren eingeschlossenen Erfahrungsepisoden lassen Britta jedoch nicht wirklich zur Ruhe kommen. Stellvertretend äußern sie sich nun in vielerlei

Alltagsängsten, die vordergründig in keinem direkten Zusammenhang zum wirklichen Anlaß stehen.

Britta beginnt die nachfolgende Konfiguration (Abb. 35) mit einer kleinen Blume am unteren Bildrand. Anschlie-

Abb. 35

ßend fügt sie eine Sonne hinzu, läßt den warmen Gelbton aber umgehend hinter der Signalfarbe Rot verschwinden. Nachdem in den vorangegangenen Bildern die Person des »Sven«, die penisförmige »Straße« sowie der keulenförmige »Keller« auf Grund überragender Größe den Wahrnehmungsschwerpunkt bildeten, macht Britta nun »unser Haus« in ausladenden Proportionen zum Mittelpunkt des Darstellungsgefüges. Zweierlei Fenster öffnen die ansonsten vollkommen verschlossene Fassade ansatzweise. Die spitzzackigen Formen unterhalb des Dachfirsts stehen im Kontrast zu dem konventionell gestalteten Rahmen mit Blume und Vorhängen. Britta erläutert: »Die Herzblume steht in Omas Zimmer«. Mit kräftigen Schwung- und Druckbewegungen färbt das Mädchen zum Schluß die Hausfassade in prangendem Rot. Als der

Filzstift keine Farbe mehr hergibt, sucht sich Britta einen Wachsmalblock im selben Farbton. Beim Einfärben der Hauswand hat sie sich stark verausgabt und bemerkt: »Mir tun die Hände weh«.

Malende Kinder bilden deshalb so oft Häuser in ihren Spontanzeichnungen ab, weil diese den Ort symbolisieren, an dem sie Zuneigung und Sicherheit suchen (DiLeo, 1992, 46). Im vorliegenden Fall signalisiert das rote, hochgeschlossene Haus jedoch eine beunruhigende, emotional aufgeladene häusliche Atmosphäre.

Anschließend erhält Britta die Aufgabe, mit Hilfe des Sceno-Materials (v. Staabs, 1951) ihr Zuhause darzustellen. Die daraufhin entstandene Szene zeigt ein »gutes« und ein »böses Kind«. Britta beschreibt das »gute Kind« als angepaßt und folgsam. Es »tanzt Ballett« und wird von Vater und Mutter bestaunt und gelobt. Weil es wütend war und mit den »Türen geschlagen hat«, bekommt das »böse Kind« demgegenüber den Zorn der Eltern zu spüren.

Für das nächste Bild (Abb. 36) wünscht sich Britta ausdrücklich »ein kleines Blatt«. Die reduzierte Fläche scheint für die beabsichtigte Mitteilung eher geeignet zu sein als der ausufernde, weniger Orientierung bietende Darstellungsraum großformatiger Papierbögen. Britta beginnt ihre Zeichnung im Bildzentrum mit der aufragenden violettfarbenen Form. Nachfolgend umschließt sie den oberen Teil mit einem wulstförmigen Halbkreis. J. DiLeo (1992, 198) weist auf die Allgegenwart sexueller Symbole (Stöcke, Messer, Gewehre, Schlangen etc.) in Kinderzeichnungen hin und warnt deshalb mit Recht vor Überinterpretationen. Das vorliegende Fallbeispiel drängt den Betrachter hingegen in seiner unbedingten Eindeutigkeit zur Vermutung einer explizit sexuellen Darstellungsabsicht. Britta kaschiert diesen Eindruck, indem sie blau-grüne Flächen ergänzt und das Gesamtergebnis ein »Muster« nennt. Während des Malens wirkt sie angespannt und ängstlich. Therapeut: »Manche Kinder verstecken in ihren Bildern etwas, das ihnen Angst macht und über das sie nicht sprechen können.« Britta: »Bei mir ist auch Angst drin, da sind Räuber drin, die machen Angst. Einer hat sich als Räuber verkleidet.« Therapeut: »Was meinst du, wer dem Kind helfen kann?« Britta: »Die Mama, die schimpft: Du böser Wicht!«

Nachdem Britta nicht länger über die Angst in ihrem Bild sprechen möchte, liest der Therapeut ihr die Geschichte ›Wenn ich darüber reden könnte‹ (Kehoe et al., 1987) vor. Das Bilderbuch handelt von einem Mädchen, das einem Löwen von seinem Geheimnis erzählt. Je deutlicher sich die Erzählung der Geheimnisthematik nähert, desto unruhiger und nervöser verhält sich Britta. Ständig versucht das Mädchen, vom Fortgang der Handlung abzulenken. Immer wieder unterbricht es die Erzählfolge durch textfremde Fragen und Bemerkungen (»Wer hat das Bild an der Wand gemalt?«, »Man könnte das Bilderbuch bunt anmalen«, »Die Wasserfarben, die da stehen, sind schön«). Therapeut: »Ich glaube, die Geschichte macht dir Angst. Deshalb möchtest du sie nicht hören. Vielleicht geht es dir wie dem Mädchen in dem Buch?« Britta entgegnet irritiert: »Aber ich hab dir doch von meinem Geheimnis gar nichts erzählt.« Das Kind betont entschieden, daß es über sein Geheimnis auf keinen Fall sprechen möchte.

Auf die Möglichkeit von Mißhandlungserfahrungen angesprochen, berichtet Brittas Mutter, daß sie schon lange über dieses Thema nachdenke. Beide Eltern wunderten sich über das zuletzt auffallend häufige Angebot eines Verwandten, abends auf Britta aufpassen zu wollen. Die Tochter sei nachher regelmäßig wach und unruhig gewesen. Zum Ende des Gesprächs können sich die Eltern eine derartige Ungeheuerlichkeit dann doch wieder nicht vorstellen. Sie wollen aber besonders aufmerksam sein und sind bereit, die Therapie regelmäßig im ambulanten Setting fortzusetzen.

Abb. 36

Zu Beginn der nächsten Therapiestunde malt Britta zunächst »eine Feuerstelle«, deren Flammen »ganz hoch gehen« (Abb. 37). Der Bildmitte ordnet das Mädchen dann einen »Wassereimer« zu und erläutert: »Das Feuer ist gelöscht, aber noch nicht ganz.« Britta läßt blaues Löschwasser über die Flammen fließen. Therapeut: »Wer hat das Feuer angezündet?« Britta antwortet »der Räuber« und zeichnet seine Gestalt »in Hautfarbe« links neben den Wassereimer. Sie greift nun zu einem rotfarbenen Stift und betont damit die Mundpartie der Figur. Die Erklärung dazu lautet: »Der hat das Feuer geküßt und ist von der Polizei verhaftet worden.« Jetzt deutet Britta den Wassereimer in ein anderes Objekt um und bemerkt: »Das ist eine Jacke.« Am rechten unteren Rand ergänzt sie »die Polizeimütze mit Stern« und erklärt: »Er hat sie abgenommen, damit sie nicht kaputtgehauen wird.«

Auf bildsymbolischer Ebene hat Britta damit auf deutliche Weise zu erkennen gegeben, daß der »Räuber« etwas Verbotenes tat. Beim gefährlichen Spiel mit dem

140

Abb. 37

Feuer hat er sich den Mund verbrannt. Für den Moment scheint die Gefährdung abgenommen zu haben. Die Flammen sind gelöscht, die furchterregende Person, vor der sich auch die Polizei in acht nehmen muß, ist verhaftet worden. Zum Schluß betont Britta ihren persönlichen Anteil am geschilderten Geschehen. Groß und plakativ schreibt das Mädchen seinen Namen in die Mittes des Blattes (in der Abb. abgedeckt).

In der anschließenden Spielsequenz läßt Britta eine Familie im Boot übers Meer fahren. Plötzlich kommt Sturm auf. »Das Kind« wird von einer Welle ins Wasser geschleudert. »Der Vater« springt hinterher und rettet es in letzter Minute. Szenenwechsel: Britta baut aus Legosteinen ein Haus. Sie bemerkt: »Das wird ein neues Haus, das alte hat der Räuber abgebrannt.«

In der darauffolgenden Woche verlangt Britta »ein kleines Blatt zum Malen«. Sie beginnt ihre Darstellung mit einer kleinen, dunkel schattierten Sonne (Abb. 38). Auf Grund vielfältiger Studien wird das Schattieren von

Objekten und Menschen als ein Zeichen von Angst gedeutet (DiLeo, 1992, 26). Britta fügt nun in der rechten unteren Bildecke einen »Apfelbaum« hinzu. Sie erklärt, daß die vier im Baum hängenden Früchte für die vier Familienmitglieder bestimmt seien. Am Fuß des Baumes wachsen zwei »Herzblumen«.

Das Mädchen möchte an dieser Stelle seine Zeichnung beenden. Therapeut: »Kannst du dich noch daran erinnern, was du letzte Woche gemalt hast?« Britta erinnert sich an den »Räuber«, die »Polizeimütze« und das »Feuer«. Währenddessen hat sie die unerwünschte Person auf dem vor ihr liegenden Blatt ergänzt und berichtet, daß diese »auf den Baum klettern« wolle, um den Apfel des Vaters zu stehlen. Um dies zu verhindern, schützt Britta den Apfelbaum durch einen »Zaun«, den sie als halbkreisförmigen Bogen realisiert. Die Vermutung des Therapeuten, daß jetzt keine Gefahr mehr bestehe, weist Britta zurück. Sie zeichnet eine »Tür« (roter Doppelstrich) in den Zaun und erklärt: »Die ist abgeschlossen, und der Schlüssel hängt oben in einem Haus am Fenster«. Das Kind malt den Schlüssel daraufhin im oberen Bildbereich zwischen die Wolken. Der »Räuber« läßt sich dennoch nicht vertreiben und »holt sich eine Leiter« (links im Bild). Weil diese »aber nicht lang genug« ist, besteht für die Familie keine akute Gefahr. Plötzlich verwischt Britta die geschilderte Episode wieder. Während das Mädchen die angstmobilisierende Gestalt mit dem Stift umkreist und durchkreuzt, korrigiert es auch die zuvor geäußerten Darstellungspassagen. Britta berichtigt: »Den gibt es nicht. Das ist nur ein Foto, weil die Menschen den nicht mögen. Der wird durchgestrichen.« Auf die Frage des Therapeuten nach dem Alter des »Räubers« lautet die Antwort: »Das sind drei junge und drei alte Räuber« – Pause – »und ein alter«. Nach dem vordergründig verwirrenden und dennoch unmißverständlichen Hinweis greift Britta zu einer Spielfigur.

Sie bemerkt: »Der Räuber muß jetzt ins Krankenhaus, er ist sehr krank, vergiftet.«

Während der nächsten Stunde malt das Mädchen erneut einen Apfelbaum. Auf der Wiese ist diesmal die »Spur« eines »Riesen« zu sehen (ohne Abb.). In der anschließenden Spielsequenz läßt Britta die Akteure nach dem »Schlüssel« suchen, den der »Riese geklaut hat«. Zum Schluß der Sequenz erklärt das Kind eine Handpuppe zum »Riesen«. Es schleudert die Figur wütend durch das Zimmer und äußert spontan: »Endlich hab ich dich mal...«. Mitten im Satz bricht Britta ab.

Eine Woche später malt sie Wiese, Himmel, Wolken, Sonne und einen »Baum für die Familie« (ohne Abb.). Erneut berichtet Britta von dem »Räuber« und dem »Schlüssel«. Dieser »hängt in einem Schuppen am Haken«. Zur Person des Räubers erläutert das Mädchen: »Der ist wieder lieb«. Therapeut: »Warum ist er jetzt denn wieder lieb?« Britta: »Er hat einen Traum gehabt, da hat ihm das einer gesagt.«

In der darauffolgenden Woche reproduziert Britta das Bild der vorangegangenen Stunde (ohne Abb.). Offensichtlich fürchtet sich das Mädchen aber immer noch vor der bedrohlichen Gestalt. Sie wünscht: »Wir ziehen den zusammen an einem Seil zur Polizei. Da bekommt er einen Strafzettel. Auf dem steht, daß er wieder lieb sein soll. Alleine kann ich ihn nicht hinziehen.«

Weil sich die Situation für Britta bislang nicht grundlegend entspannt hat, wird mit der Familie erneut eine Eltern-Kind-Woche vereinbart. In deren Verlauf äußert sich Britta widersprüchlich zur Person des »Räubers«. Zunächst erklärt sie: »Es ist ein alter Mann. Den Namen kenne ich nicht.« Später enttarnt sie die fragliche Person als den Verwandten »Sven«, um dann plötzlich wieder mit einem Phantasienamen zu überraschen. »Es ist der Herr XY. Der ist jetzt wieder lieb und hat den Kindern ein Buch, Schokoladeneis und ein Überraschungsei geschenkt.«

Abb. 38

Britta spürt die Skepsis des Therapeuten und betont noch einmal entschieden: »Der Herr XY ist es, jetzt hab ich dir den Namen gesagt und will nicht mehr darüber reden!« Anders als im Fall von Lena, die spontan die wirkliche Identität des Täters preisgab, versucht Britta mit Hilfe des fiktiven Namens eine ihr nahestehende Person zu schützen. Sie geht dann sogar noch einen Schritt weiter, korrigiert sämtliche Schilderungen der Vergangenheit und erklärt, daß sie »die Geschichte vom Räuber nur geträumt« habe. Es gebe ihn nämlich »nicht wirklich«. Gegen Ende der Stunde wendet sich das Kind dann wieder der Realität zu. Es kommt erneut auf den »Räuber« zu sprechen und bemerkt: »Der kann machen, was er will.« Therapeut: »Aber er darf dir keine Angst machen.« Britta: »Vielleicht hat er das schon gelernt, sonst schmeißen wir ihn in den Wasserfall und er schwimmt nach Afrika.«

Später bestätigen die Eltern, daß es den genannten Schlüssel am angegebenen Ort tatsächlich gebe. Was die beschriebenen Szenen mit den Ängsten ihrer Tochter zu tun haben könnten, vermochten sie demgegenüber nicht zu erklären. Einige Tage später ruft die Mutter an und berichtet, daß sich Britta wieder deutlich angstbetont verhalte. Mehrfach sei sie nachts zu den Eltern ins Bett gekommen, habe auch ihnen gegenüber erstmals die ängstigende Person erwähnt und dann gebeten: »Mama, hilfst du mir bei dem Räuber?« Auf Nachfragen habe Britta aber nur geantwortet, daß er ihr weh getan habe. An Einzelheiten könne sie sich nicht mehr erinnern.

In der Therapiestunde der nachfolgenden Woche nimmt das Mädchen eine Spielfigur zur Hand und bemerkt: »Der Sven darf nicht mitspielen.« Britta: »Jetzt müssen die Kinder zur Untersuchung.« Erneut greift sie zu der vorher weggelegten Projektionsfigur und fordert energisch: »Du machst nicht wieder die Stimme!« Britta wirft den »Sven« in die Puppenkiste zurück und nimmt stattdessen eine Mädchenfigur. Sie sagt: »Die zieht den Mantel an, sonst ist sie ja ganz nackt.« Therapeut: »Das Mädchen möchte nicht ausgezogen sein.« Britta: »Das möchten manche nicht.«

Eine weitere Woche später malt Britta ein heiter wirkendes Bild (ohne Abb.). Es zeigt ein helles Haus. In jedem der vier Fenster steht eine Blume. Die Sonne scheint, aus dem Schornstein des Gebäudes steigt »lustiger Rauch«. Unvermittelt äußert Britta, daß die Hexe ›Bibi Blocksberg‹ zaubern könne. Therapeut: »Damals, als der Räuber bei dir war, wäre es gut gewesen, wenn du hättest zaubern können.« Britta nickt zuerst, sagt dann aber: »Das war nur eine Geschichte« und versucht, das Thema zu wechseln. Therapeut: »Nein, das war keine Geschichte. Du hast mir und deiner Mutter doch so oft von dem Räuber erzählt. Und du hast viele Bilder gemalt, auf denen er genau zu erkennen war.« Britta nickt wiederum, will aber nicht über ihre Erinnerungen sprechen.

In der nächsten Therapiestunde schlägt der Therapeut vor, sich gemeinsam ein Bilderbuch anzuschauen. ›Swimmy‹ (L. Leonni, 1964) handelt von der Angst kleiner Fische vor einem größeren gefräßigen Artgenossen. Aus Furcht vor der ständigen Bedrohung fristet der verängstigte Schwarm ein trostloses Leben, das von Ohnmacht und Hilflosigkeit bestimmt ist. Schließlich befreien sich die kleinen Fische aber mit vereinten Kräften aus den Fängen des übermächtigen Gegners. Sie dürfen nun endlich aufleben und müssen sich nicht länger verstekken. Die deutliche Parallele zur Lebenssituation des Kindes löst bei Britta Unruhe und Abwehr aus. Auf die Geschichte bezogen entwickelt das Mädchen dann aber alternative Ideen zur Überwindung der Bedrohung. Es schlägt vor, den Riesenfisch »zu zerschneiden«, ihm das Maul »mit Tesafilm zuzukleben« oder ihm »eine auf die Nase zu hauen«. Der Therapeut vergleicht die Angst der Fische mit der Furcht vor dem »Räuber«. Britta versteht, wie wichtig es ist, sich in der Situation eigener Hilflosigkeit Unterstützung innerhalb der sozialen Umgebung zu suchen: »Vielleicht bei dir oder der Mama, oder bei anderen Kindern. Wir verkleiden uns dann als Hexen.«

Zu Anfang der nachfolgenden Stunde entsteht ein neues Bild (Abb. 39). Britta beginnt ihre Darstellung mit Sonne, Wolken und einem »schiefen Baum«. Anschließend fügt das Kind einen »Regenbogen« hinzu und erklärt: »Da fährt ein Auto drüber.« Mit schwarzem Stift zeichnet Britta den Wagen und seinen Fahrer auf das Blatt. Während der »Regenbogen« in Abb. 34 eine damals noch nicht aufgegebene Zuversicht erkennen ließ, signalisiert die Zerstörung dieses Symbols im aktuellen Bild die zunehmende Hoffnungslosigkeit im Erleben des Kindes.

Spontan äußert Britta: »Die Nacht war schrecklich.« Therapeut: »Was ist denn passiert?« Britta: »Ich habe von einem kleinen Männchen geträumt. Vor dem hatte ich Angst.« Das Mädchen wechselt vordergründig das

Thema und erzählt: »Der Sven wohnt an einer gefährlichen Straße. Da hat mir mal ein Fremder die Hand gegeben und geholfen. Da hat die Mama gesagt: Mit Fremden geht man doch nicht. Da hab ich gesagt: Das war doch der Sven, der hat sich als Fremder verkleidet. Mama hat gesagt: Red doch nicht so einen Unsinn.« Therapeut: »Hat sie dir nicht geglaubt?« Britta: »Nein.« Therapeut: »Ist der Sven vielleicht der Räuber, der dir soviel Angst macht?« Britta: »Ja, der kommt nachts mit einer Maske in mein Zimmer und sagt: Da hat was geklappert.« Britta beschreibt das Aussehen der Maske. Sie zeige »einen Bart, geschminkte Augen und Haare«. Britta: »In Wirklichkeit sieht der Sven aber anders aus.« Das Mädchen malt nun für den Therapeuten eine lange Reihe »Luftballons« auf das noch vor ihr liegende Blatt. Später deutet sie diese bezeichnenderweise in »Schlüssellöcher« um.

Britta berichtet weiter, daß der »Sven« nur dann komme, wenn die Eltern nicht zu Hause sind. Therapeut: »Hast du mit Mama oder Papa mal darüber gesprochen?« Britta zögert und sagt dann: »Ja.« Therapeut: »Und sie haben dir nicht geglaubt?« Britta: »Zuerst nicht, dann doch.« Sie erklärt, daß der Sven ihr »was Schönes« versprochen habe, wenn sie zu ihm komme und bei ihm »schlafe«. Dafür habe er ihr »Eis, eine Tüte voll Sachen und Kinderriegel« gegeben, »was ich auch wollte«. Britta bejaht den Vorschlag des Therapeuten, über das Geschilderte mit den Eltern zu reden. In Anwesenheit ihrer Mutter drängt sie nach der Therapiestunde auf einen Gesprächstermin. Beide Eltern reagieren später zunächst konsterniert und abwehrend. Im Verlauf des Gesprächs nehmen sie dann die Entlastungsversuche für den Verwandten mehr und mehr zurück. Obwohl Skepsis und Zweifel bleiben, sind die Eltern bereit, sich mit der Thematik auseinanderzusetzen. Sie wollen »mit ihm reden«.

Zur nächsten Therapiestunde erscheint Britta in entspannter Verfassung. Ihr heiter wirkendes Bild zeigt ein

Abb. 39

Abb. 40

Abb. 41

buntes Haus mit »Herzblumen« (ohne Abb.). Der Therapeut fragt, ob Britta zwischenzeitlich mit ihren Eltern
über den Verwandten gesprochen habe. Das Kind äußert
daraufhin spontan: »Mama hat gesagt, mit dem reden wir
nicht mehr.« Etwas später berichtet das Mädchen, daß
Mama und Papa »doch mit ihm gesprochen« haben. »Die

149

haben gesagt, daß er sich entschuldigen muß.« Dies habe der »Sven« auch getan. Allerdings habe er »nur ›Entschuldigung‹ gesagt, sonst nichts«. Britta betont, daß ihr die Eltern jetzt glauben.

Auch eine Woche später wirkt Britta durchgängig entlastet. Wieder greift sie zu Papier und Farben (Abb. 40), um ihre Darstellung mit Himmel und Sonne zu beginnen. Zum Sonnenkörper, der nun ohne Schattierungen und größer als zuvor auf dem Blatt erscheint, erklärt Britta: »Ich bin die Sonne.« Auf der Wiese wachsen zwei Blumen, »eine ist ganz bunt, die andere ist eine Sonnenblume«. Britta malt »ein kleines rotes Haus, in dem keiner mehr wohnen will. Es wird jetzt neu und bunt angestrichen«. Das Mädchen beendet die Konfiguration, indem es seinen Namen groß in die Blattmitte schreibt (in der Abb. abgedeckt) und einen »Schmetterling« hinzumalt. Über den »Sven« will Britta nicht ausführlich sprechen. Sie bemerkt nur kurz: »Er tut mir nichts mehr« und »Wir reden nicht mehr darüber«.

Als die Familie einige Wochen später nochmals zu einer weiterführenden Therapiewoche kommt, berichten die Eltern, daß sich das Befinden ihrer Tochter nachhaltig verbessert habe. Die Verhaltensauffälligkeiten und Angstsymptome seien nahezu völlig verschwunden. Auch gebe es deutlich weniger Auseinandersetzungen mit Britta.

Der Verlauf der Woche bestätigt die Wahrnehmungen der Eltern. Innerhalb der Ausdrucksebenen Malen, Spielen und Sprechen finden sich keinerlei Anzeichen für eine akute emotionale Belastung des Kindes.

Sechs Monate später hat sich die positive Tendenz stabilisiert. Britta bestätigt, daß der »Sven« ihr keine Angst mehr mache, weil er »etwas gelernt« habe. Sie kann nun sogar im Kreis der Jugendgruppe über ihre Gefühle sprechen. Auf die Frage der Leiterin, wer in den Ferien wegfahre, antwortet das Mädchen: »Ich fahre nach Bonn. Früher hatte ich immer große Angst. In Bonn habe ich darüber geredet. Jetzt habe ich keine Angst mehr.« Während dieses Aufenthalts bittet der Therapeut das Mädchen, ein Bild von sich selbst zu malen (Abb. 41).

Ihre Selbstdarstellung erläutert Britta folgendermaßen: »Ich gehe durch die Nacht. Der Mond scheint. Alles ist hell, weil Sylvester ist und Feuerwerk abgeschossen wird.«

Mit der Konfiguration und dem erläuternden Bildkommentar bringt Britta den Wandel ihrer Lebensumstände auf den Punkt. Das Dunkel der Vergangenheit ist einer helleren, freundlicheren Perspektive gewichen. Die Begriffe »Sylvester« und »Feuerwerk« versinnbildlichen den Wechsel von der traumaintensiven Lebensphase zu einem hoffnungsvollen Neuanfang. Freudig und zuversichtlich hat Britta im Bild die Arme erhoben. Um ihren Hals trägt sie eine Kette, in deren Mitte ein großes, rotes Herz leuchtet. Es symbolisiert wiedergewonnene Vitalität und Lebensfreude.

Schließlich akzentuiert auch das unbewußt gewählte Bildformat den ›aufrechten Gang‹ des Mädchens. Zum ersten und einzigen Mal hat Britta hier nämlich das Hochformat gewählt, während sie sich ansonsten durchgängig des Querformats bediente. I. Riedel (1988, 60) erklärt die Unterschiede im Gebrauch von Hoch- und Querformat. Die Horizontale repräsentiert demnach eher das Nacheinander einer zeitlichen Geschehensfolge, während die Vertikale den Einbruch einer neuen Qualität »in die Welt des puren Nacheinander, in die Welt der horizontalen Spannungen« signalisiert (ebd., 1988, 60). Die neue Lebensqualität äußert sich für Britta in der Überwindung von Angst und Bedrohung. An die Stelle einer bedrückenden und strangulierenden Daseinsrealität sind nun Perspektive, Hoffnung und Zuversicht getreten.

Schlußbemerkung

Ein abschließender Vergleich der geschilderten Fallbeispiele läßt neben übereinstimmenden Gemeinsamkeiten auch individuelle Merkmalsunterschiede erkennen. Den nachgezeichneten Verlaufsprozessen ist zunächst ein ähnlich verursachter Ausgangskonflikt gemeinsam. So bestand für Lena, Johanna und Britta das gleichermaßen dringende Bedürfnis nach problemgerichteter Verständigung. Angesichts von Angst, Verwirrung und Geheimnisdruck die richtigen Worte zu finden, beschreibt aber gerade das häufig ausweglose Dilemma sexuell mißhandelter Kinder. Rasch erkannten die Mädchen in dieser Situation die Chance, mit Hilfe des Malens den lähmenden Widerstreit zwischen Ausdrucksbedürfnis und Vergessenswunsch zu überwinden. Wie den meisten Kindern, war auch ihnen diese Artikulationsvariante bekannt und vertraut. So entstand bereits nach kurzer Zeit ein themenbezogener Dialog mit dem Therapeuten. Während der anfänglichen Sequenzen bedurfte es dazu keinerlei methodenorientierter Direktivität, wohl aber einer motivationsbegünstigenden Umgebung und Atmosphäre. Aus einem breitgefächerten Medienangebot wählten die Kinder unabhängig voneinander dieselben Materialien zur tastenden Konfliktbewältigung. Im behutsamen Annähern, Andeuten, Umkreisen, dem vorsichtigen Suchen nach stimmigen Symbolen, gewannen Lena, Johanna und Britta zunehmend an Selbstsicherheit im Umgang mit der traumatischen Erlebnisrealität. Verlangt die wortsprachliche Benennung ausgeklammerter Wahrnehmungsepisoden schnell die Bereitschaft zur schonungslosen Offenheit, bietet das Malen demgegenüber die Möglichkeit, angstmobilisierende Erfahrungen schrittweise aus dem Dunkel verdrängter oder geleugneter Erinnerung zu ziehen. Aus der Perspektive direkter Nähe vermitteln die Bildzyklen dem Betrachter übereinstimmend intensive Eindrücke vom anhaltenden Ringen der Kinder um eine bewußtbleibende Präsenz der gemiedenen Wirklichkeit. Parallel zur präzisierenden Entwicklung der Bildfolgen erlangten auch die Kommentare und wortsprachlichen Äußerungen eine unmißverständliche Eindeutigkeit.

Wie die Bildsprache hingegen im konkreten Einzelfall angewandt wird, bestimmt das malende Kind auf unverwechselbare Weise. Darum ist noch einmal zu betonen, daß die Übersetzung von Erlebnissen in Bildkonfigurationen nicht auf Grund konstanter oder gar zwingender Zuordnungsregeln erfolgt. Jedes Kind sucht und findet eigene Bildzeichen, Symbole und Bedeutungsträger für diejenigen Botschaften, die es vermitteln möchte. Die Beschaffenheit der entstehenden Darstellungen spiegelt in Inhalt und Form immer die persongebundenen Lebensbezüge und Wahrnehmungsgewohnheiten. Dementsprechend verlief der maltherapeutische Prozeß bei Lena und Britta weitestgehend spontan. Johanna fand dagegen erst zu klaren Bildern, als der Therapeut notwendige Themen zur Bearbeitung vorgab. Britta ließ den Täter bereits im allerersten Bild Gestalt annehmen. Johanna zeichnete ihn zum Schluß der Therapie, während es Lena in der mittleren Auseinandersetzungsphase erstmals gelang, seine Person sichtbar werden zu lassen. In den Bildern von Lena und Johanna veränderten sich Ordnungsaspekte, Strichführung und Darstellungsprägnanz im Rahmen eines erkennbar dynamischen Geschehens. In deutlichem Kontrast zu dieser Beobachtung stehen wiederum die Konfigurationen von Britta, weil sie von einer veränderungsarmen, ruhigen und ausgewogen bleibenden Form- und Bewegungssprache bestimmt erscheinen.

Der besondere Wert der maltherapeutischen Methode begründet sich aus einer speziellen Verhältnismäßigkeit: Die charakteristischen Möglichkeiten dieses Verfahrens bilden nämlich ein Spektrum heilender Wirksamkeit, das genau dort ansetzt, wo Erinnerung, Orientierung, Gewißheit und kommunikative Kompetenz – als spezifisches Resultat sexueller Nötigung – verlorengegangen sind. Gerade weil eine große Zahl wesentlicher Argumente den vorgestellten Ansatz stützt, scheint zum Ende ein relativierender Hinweis angebracht: Maltherapie stellt anläßlich des Problemkreises der sexuellen Kindesmißhandlung selbstverständlich nicht die einzige Form möglicher Hilfe dar. Vielfältig sind die Bedürfnisse und Beweggründe, die Kinder veranlassen, in ihrer Not diesen oder jenen Weg der Konfliktbewältigung einzuschlagen. Was Lena, Johanna und Britta als heilsam erlebt haben, hilft auch vielen anderen Kindern und wird dennoch nicht für jedes Kind die Methode der Wahl darstellen.

Literatur

Axline, V.: Kinderspieltherapie im nicht-direktiven Verfahren. München 1980

Bachmann, H.: Malen als Lebensspur. Stuttgart 1985

Baumgardt, U.: Kinderzeichnungen – Spiegel der Seele. Zürich 1985

Baumgardt, U.: Verschlüsselte Botschaften. in: *Kazis, C. (Hrsg):* Dem Schweigen ein Ende. S. 145ff., Basel 1992

Bloch, S.: Kunsttherapie mit Kindern. München 1982

Brem-Gräser, L.: Familie in Tieren. München 1975

Bruder, K.J.: Mißbrauchte Kinder in der Therapie. in: PSYCHOLOGIE HEUTE, S. 59ff., 4/1991

Burgess, A.W., Hartman, C.R.: Children's Drawings. in: THE INTERNATIONAL JOURNAL OF CHILD ABUSE AND NEGLECT, S. 161ff., 1993

Burgess, A.W., Mc Causland, M., Wolbert, W.: Children's Drawings as Indicators of Sexual Trauma. in: PERSPECTIVES IN PSYCHIATRIC CARE, S. 50ff., 19/1981

Cohen, F.W., Phelps, R.: Incest Markers in Children's Artwork. in: THE ARTS IN PSYCHOTHERAPY, S. 265ff., 12/1985

Damm, E.L.: Malen mit seelenpflege-bedürftigen Kindern. Stuttgart 1984

Diedenhofen, Ch., Schlack, H.G.: Stationäre Kinderpsychotherapie bei sexueller Mißhandlung. in: SOZIALPÄDIATRIE, S. 588f., 10/1993

DiLeo, J.H.: Die Deutung von Kinderzeichnungen. Karlsruhe 1992

Enders, U. (Hrsg.): Zart war ich, Bitter war's. Köln 1990

Eschenbach, U.: Zum Sehen geboren – das innere Auge. in: *Türk, K.H., Thies, J. (Hrsg):* Therapie durch künstlerisches Gestalten. S. 11ff., Stuttgart 1986

Fürniss, T., Phil, M.: Diagnostik und Folgen von sexueller Kindesmißhandlung. in: MONATSSCHRIFT KINDERHEILKUNDE, S. 335ff., Nr. 134, 1986

Fürniss, T.: Die Organisation professioneller Dienste für mißhandelte Kinder und Jugendliche in Großbritannien. in: *Olbing, H. (Hrsg):* Kindesmißhandlung. S. 109ff., Köln 1989

Fürniss, T.: Krisenintervention und Therapie bei sexueller Kindesmißhandlung in der Familie. in: *Olbing, H. (Hrsg):* Kindesmißhandlung. S. 77ff., Köln 1989

Fürniss, T.: The Multiprofessional Handbook Of Child Sexual Abuse. London 1991

Fürniss, T.: Kinder und Familien im traumaorganisierten System von Sexringen. in: FAMILIENDYNAMIK, S. 264ff., 3/1993

Furth, G.M.: Heilen durch Malen. Olten 1991

Gmelin, O.F.: Mama ist ein Elephant – Eltern entdecken eine neue Sprache, die Symbolwelt der Kinderzeichnungen. Stuttgart 1978

Grözinger, W.: Kinder kritzeln zeichnen malen. München 1975

Hammer, A.F.: The Clinical Application of Projective Drawings. Springfield 1958

Herzka, H.S.: Seelische Gewalt gegen Kinder. in: *Retzlaff, I. (Hrsg):* Gewalt gegen Kinder. S. 106ff., Neckarsulm 1989

Hibbard, R., Roghmann, K., Hoekelman, R.: Genitalia in Children's Drawings: An Association With Sexual Abuse. in: PEDIATRICS, S. 129ff., Vol. 79, 1/1987

Hibbard, R., Hartmann, G.: Emotional Indicators in Human Figure Drawings of Sexually Victimized and Nonabused Children. in: JOURNAL OF CLINICAL PSYCHOLOGY, S. 211ff., 46/1990

Hirsch, M.: Sexueller Mißbrauch in der Familie. in: PSYCHIATRICA EXTRACTA, S. 21ff., 4/1993

Iten, A.: Die Sonnenfamilie. Oberwil 1980

Jonas, H.: Organismus und Freiheit – Ansätze zu einer philosophischen Biologie. Göttingen 1973

Jonas, H.: Das Prinzip Verantwortung. Frankfurt a.M. 1979

Kazis, C. (Hrsg): Dem Schweigen ein Ende. Basel 1992

Kehoe, P., Deach, C.: Wenn ich darüber reden könnte... . Berlin 1991

Kinzl, J., Biebl, W.: Long-term effects of incest: Life events triggering mental disorders in female patients with sexual abuse in childhood. in: THE INTERNATIONAL JOURNAL OF CHILD ABUSE AND NEGLECT, S. 567ff., 1992

Koppitz, E.M.: Die Menschdarstellung in der Kinderzeichnung und ihre psychologische Auswertung. Stuttgart 1972

Landgarten, H.B.: Klinische Kunsttherapie. Karlsruhe 1990

La Porta, L.D.: Childhood trauma and multiple personality disorder: the case of a 9-year-old girl. in: THE INTERNATIONAL JOURNAL OF CHILD ABUSE AND NEGLECT, S. 615ff., 1992

Leitner, M.: Psychoanalyse und Kunst. in: KUNST UND THERAPIE, S. 31ff., 1/1981

Leonni, L.: Swimmy. Köln 1964

Lieske, A.M.: Incest: An Overview. in: PERSPECTIVES IN PSYCHIATRIC CARE, S. 59ff., 19/1981

Manning, T.: Aggression Depicted in Abused Children's Drawings. in: THE ARTS IN PSYCHOTHERAPY, S. 15ff., Vol. 14/1987

Miller, T.W., Veltkamp, L., Janson, D.: Projective Measures in the Clinical Evaluation of Sexually Abused Children. in: CHILD PSYCHIATRY AND HUMAN DEVELOPMENT, S. 47ff., Vol. 18, 1/1987

Mitnick, M.: Inzestuös mißbrauchte Kinder – Symptome und Behandlungsmethoden. in: *Backe, L., Leick, N., Merrick, J., Michelsen, N. (Hrsg):* Sexueller Mißbrauch von Kindern in Familien. S. 83ff., Köln 1986

Oaklander, V.: Gestalttherapie mit Kindern und Jugendlichen. Stuttgart 1987

Petzold, H.: Überlegungen und Konzepte zur Integrativen Therapie mit kreativen Medien und einer intermedialen Kunstpsychotherapie. in: *Petzold, H., Orth, I. (Hrsg.):* Die neuen Kreativitätstherapien – Handbuch der Kunsttherapie. S. 585ff., Paderborn 1990

Powell, L., Faherty, S.: Treating Sexually Abused Latency Age Girls. in: THE ARTS IN PSYCHOTHERAPY, S. 35ff., Vol. 17, 1990

Ramin, G., Petzold, H.: Integrative Therapie mit Kindern. in: *Petzold, H., Ramin, G. (Hrsg):* Schulen der Kinderpsychotherapie. S. 359ff., Paderborn 1987

Reichelt, St.: Methodenintegration in der heilpädagogischen Therapie. in: FRÜHFÖRDERUNG INTERDISZIPLINÄR, S. 179ff., 4/1992

Richter, H.G.: Die Kinderzeichnung – Entwicklung Interpretation Ästhetik. Düsseldorf 1987

Riedel, I.: Farben. Stuttgart 1983

Riedel, I.: Formen. Stuttgart 1985

Riedel, I.: Bilder. Stuttgart 1988

Riedel, I.: Maltherapie. Stuttgart 1992

Rutschky, K.: Erregte Aufklärung Kindesmißbrauch. Hamburg 1992

Schmidbauer, W.: Die hilflosen Helfer. Reinbek 1982

Schornstein, H.M., Derr, J.: The many applications of kinetic family drawings in child abuse. in: BRITISH JOURNAL OF PROJECTIVE PSYCHOLOGY AND PERSONALITY STUDY, S. 33ff., 23/1978

Schottenloher, G.: Kunst- und Gestaltungstherapie in der pädagogischen Praxis. München 1983

Schuster, M.: Die Psychologie der Kinderzeichnung. Berlin 1990

Sidun, N.M., Rosenthal, R.: Graphic Indicators of Sexual Abuse in Draw-A-Person Tests of Psychiatrically Hospitalized Adolescents. in: THE ARTS IN PSYCHOTHERAPY, S. 25ff., 14/1987

v. Staabs, G.: Der Sceno-Test. Stuttgart 1951

Steinhage, R.: Sexuelle Gewalt – Kinderzeichnungen als Signal. Reinbek 1992

Strauss, M.: Von der Zeichensprache des kleinen Kindes. Stuttgart 1983

Summit, R.: The child sexual abuse accommodation syndrome. in: THE INTERNATIONAL JOURNAL OF CHILD ABUSE AND NEGLECT, S. 177ff., 1983

Widlöcher, D.: Was eine Kinderzeichnung verrät. Frankfurt a.M. 1993

Wolff, S.: Klinische Maltherapie. Berlin 1986

Yates, M.D., Beutler, L.E., Crago, M.: Drawings by Child Victims of Incest. in: THE INTERNATIONAL JOURNAL OF CHILD ABUSE AND NEGLECT, S. 183ff., 1985